Yürümenin Felsefesi

FRÉDÉRIC GROS

Kolektif®
Kitap

Kolektif Kitap ~ 91

Yürümenin Felsefesi

Marcher, une philosophie

ISBN: 978-605-5029-64-7

Türkçesi: **Albina Ulutaşlı**
Yayıma Hazırlayan: **Evrim Öncül**
Son Okuma: **Sercan Çalcı**
Sayfa Düzeni: **Semih Büyükkurt**
Kapak Tasarımı: **Kolektif Tasarım**

1. Baskı, Ocak 2017, İstanbul
28. Baskı, Kasım 2025, İstanbul
Sertifika No: 51867

Baskı ve Cilt:
Berdan Ofset Matbaa San. ve Tic. A.Ş.
Güven Sanayi Sitesi C Blok No: 215
Topkapı, İstanbul – 0212 613 11 12
Sertifika No: 53423

Kolektif® Kitap

Kolektif Kitap,
Bilişim ve Tasarım A. Ş.

Asmalı Mescit Mah.
Sofyalı Sok. No: 24/A
Beyoğlu / İstanbul
www.kolektifkitap.com
info@kolektifkitap.com
0212 243 96 39

Yürümenin Felsefesi

FRÉDÉRIC GROS

Türkçesi: Albina Ulutaşlı

Kolektif
Kitap

İÇİNDEKİLER

Yürümek Spor Değildir

Yürümek spor değildir.

Spor teknik, kurallar, puanlama ve rekabet meselesidir, durmadan öğrenmeyi ve çalışmayı gerektirir; duruşları tanımak, doğru hareketleri bir araya getirmektir. Doğaçlama ve yetenek çok sonra gelir.

Spor skor tutmaktır: Hangi sıralamadasın? Zamanlaman ne? Sonuç ne? Tıpkı savaşta olduğu gibi, kazanan ve kaybeden ayrımı burada da mevcuttur. Sporla savaş arasında, savaşta onura, sporda utanca dönüşen bir benzerlik bulunur: rakibe duyulan saygı, düşmana duyulan nefret.

Spor aynı zamanda dayanıklılık kazanmanın, yılmadan denemenin ve disiplinden haz almanın öğrenilmesidir. Ahlaki bir sistem, bir iştir spor.

Elbette maddi bir yönü de vardır; yorumlamalara, gösterilere dayalı bir pazardır. Performanslardan oluşur. Spor marka ve imaj tüketicilerinin üşüştüğü şaşaalı büyük törenlere zemin hazırlar. Para ruhları boşaltmak, tıp ise yapay bedenler inşa etmek için istila eder sporu.

Yürümek spor değildir. Bir ayağı diğerinin önüne atmak çocuk işidir. Yürüyenler karşılaştığında ne bir sıralama vardır ne de puanlama. Yürüyen hangi yoldan geldiğini, en güzel manzaranın hangi patikadan görüldüğünü anlatır, görüşün hangi noktada daha iyi olduğundan bahseder.

Buna rağmen bir aksesuar piyasası yaratılmasından geri kalınmamıştır: devrim niteliğinde ayakkabılar, inanılmaz çoraplar, müthiş sağlam pantolonlar... Alttan alta sporcu ruhu da işe dahil edilir: Yürümüyoruz artık, "trekking yapıyoruz". Yürüyenleri kayakçı özentisi gibi gösteren ince değnekler bile satılmaktadır. Ama bu iş çok yürümez. Yürümemelidir de.

Ağırdan almak namına şimdiye dek yürümekten daha iyi bir şey bulunamamıştır. Yürümek için iki bacağınızın olması yeterlidir. Gerisi fasa fisodur. Hızlanmak mı istiyorsunuz? O halde yürümeyin, başka bir şey yapın; tekerleklileri kullanın, kayın, uçun! Yürümeyin. Ve unutmayın, yürürken takdire şayan tek şey gökyüzünün parlaklığı, manzaranın görkemidir. Yürümek spor değildir.

Bir kez ayakları üstünde dikildi mi, olduğu yerde kalamaz insan.

Özgürlükler

Yürümek öncelikle *erteleme* özgürlüğü sunar. Şöyle bir dolaşmaya çıkmak bile endişelerin ağırlığını hafifletmeyi, işleri bir süreliğine unutmayı sağlar. İşyerini geride bırakmaya karar verip dışarı çıkar, aylaklık eder, başka şeyler düşünürüz. Günlere yayılan daha uzun bir gezinti, kendini özgürleştirmeye çalışan bu adımı pekiştirir; çalışmanın yarattığı kısıtlamalardan kaçar, alışkanlıklar zincirinden kurtuluruz. Peki ama yürüyüş bu özgürlüğü, uzun bir yolculuğa kıyasla nasıl daha fazla hissettirir? Çünkü mevzubahis kısıtlamaların ardından aynı ölçüde yorucu başka kısıtlamalar ortaya çıkar: çantaların ağırlığı, mesafelerin uzunluğu, hava koşullarının belirsizliği (yağmur ve fırtına tehlikesi, kavurucu sıcaklar), ilkel konaklama koşulları, biraz ıstırap... Fakat sadece yürüyüş bizi mecburiyet yanılsamalarından kurtarmayı başarır. Öte yandan yürüyüş hatırı sayılır gerekliliklerin hâkimiyetindedir. Onca mesafeyi katetmek için onca adım anlamına gelen onca saat yürümelidir insan; aklınıza estiği gibi atamazsınız adımlarınızı, zira alelade bir bahçe gezintisine çıkmamışsınızdır. Hangi sapaktan döneceğinizi şaşırırsanız bedelini ağır ödemek zorunda kalabilirsiniz. Dağ sise gömüldüğünde ya da sağanak boşandığında yürümeye devam etmek zorundasınızdır. Yiyecek ve su ihtiyacınızı güzergah ve kaynaklara bağlı olarak ustalıkla hesaplamanız gerekir. Konforsuzluktan bahsetmiyorum bile; oysa asıl harika olan, ona rağmen değil ondan dolayı haz almaktır. Söylemek istediğim şu: Yiyecek ve içecek seçeneklerinin sınırlı olması, her türlü hava koşuluna maruz kalmak, yalnızca adımların kararlılığına güvenmek vb. gibi durumlar bir yanılsama yaratır; olanaklar arttığı için (iletişim, satınalma, konaklama) yürümek ticari şeylere (ürünler, taşımacılık, sosyal organizasyonlar) bağımlıymış gibi algılanır. Bu mikro-özgürlükler, sistemin hızını artırmaktan başka işe yaramaz; böylece sistem sizi daha fazla sınırlar. Halbuki zaman ve mekândan sıyrılmanızı sağlayan her şey sizi *hızdan uzaklaştırır.*

Yürüyenin karşılaştığı koşulları daha önce benzer bir şey yaşamamış birine kabaca tarif etseniz, hepsi tuhaf, anormal, hatta gönüllü bir esaret gibi gelir. Çünkü şehirli insan, alışveriş zincirinden kopmak, enformasyonu, imajları ve ürünleri yeniden dağıtan ağın parçası olmamak ve tüm bunların onlara biçtiğiniz gerçeklik ve önem kadar gerçek veya önemli olduklarını fark etmek gibi, yürüyenin özgürlük kabul ettiği şeyleri yoksunluk olarak değerlendirmeye meyillidir. Zincirlerinden boşanan dünyanız yıkımdan kurtulmakla kalmaz, bütün zincirlerin nasıl ağır, boğucu ve aşırı kısıtlayıcı oldukları da çıkar ortaya.

Özgürlük bir lokma ekmek, bir yudum su, uçsuz bucaksız kırlardır o halde.

Bu erteleme özgürlüğünün sevinciyle yola çıkmaktan dolayı mutlusunuzdur, diğer taraftan geri dönmek de mutlu eder sizi. Parantez içine alınmış bir mutluluktur bu, bir iki günlük kaçamak yapma özgürlüğüdür. Geri döndüğünüzde hemen her şey bıraktığınız gibidir. Eski alışkanlıklar kaldıkları yerden devam eder: hız, kendini ve başkalarını ihmal etme, telaş ve yorgunluk. Sadeliğin büyüsü bir yürüyüş sürmüştür: "Temiz hava nasıl da iyi gelmiş." Geçici özgürlük, ardından kürkçü dükkânına dönüş.

İkinci özgürlük daha saldırgan, daha asidir. Erteleme yürüyüşleri gündelik yaşantılarımızda sadece geçici bir "kesinti"ye izin verir: ağdan birkaç günlüğüne kaçmak, ıssız yolları adımlayarak kısa süreliğine sistemin dışına çıkmayı tecrübe etmek. Gel gelelim bağlarını *bütünüyle* koparmaya da karar verebilir insan. Kerouac veya Snyder'ın metinlerinde kuralları çiğnemenin büyüsünü ve engin ufukların çağrısını görürsünüz: aptalca uzlaşmalardan, dört duvarın uyuşturan güvenliğinden, Aynı'nın sıkıcılığından, tekrarın yıpratıcılığından, tuzu kuruların ataletinden ve değişime besledikleri nefretten kurtulmak. Delilik ve rüyalar nasıl hayata geçmek isterse, nihayetinde hareket etmek ve kurallara başkaldırmak da kışkırtılmak ister. Yürümeye karar vermek (uzaklara, herhangi bir yere gitmek, başka bir şey denemek) Yabanın Çağrısı olarak algılanabilir bu defa. Bu yürüyüşlerde yıldızlı göklerin, doğanın muazzam gücünü keşfedersiniz; iştahınız kabarır, yücelikleriyle bedenleriniz doyar. Dünyanın kapısını bir kez çaldınız mı, sizi hiçbir şey tutamaz. Adımlarınızı kaldırımlar (bin kere geçtiğiniz, hep kürkçü dükkânına varan) yönlendirmez artık. Dönemeçler yıldızlar gibi titrek titrek parlar, o kan donduran seçim yapma korkusuyla yeniden karşılaşırsınız; baş döndürücüdür özgürlük.

Bu sefer mesele basit zevkler tatmak uğruna düzenden sıyrılmak değil, sizi ve insanlığı aşan doğanın asiliğinden fışkıran bir özgürlükle tanışmaktır. Yürüyüş türlü türlü ölçüsüzlüklere neden olabilir: sersemleten aşırı yorgunluk, ruhu allak bulak eden sınırsız bir güzellik, bedenin sınırlarının zorlandığı zirvelerle yüksek geçitlerde yaşanan aşırı sarhoşluk gibi. Yürümek içimizdeki bu isyankar, kadim yönü uyandırarak son bulur; arzularımız kibarlıktan uzaklaşıp tavizsizleşir, dürtülerimiz ilham bulur. Çünkü yürümek bizi alıp yaşamın düşey eksenine yerleştirir; arzularımız ve dürtülerimiz ayaklarımızın hemen altındaki sele kapılıp gider.

Demek istediğim, yürüyerek benliğinizle buluşmaya gitmezsiniz. Burada mevzu, kendinizi yeniden bulmak, otantik bir ben veya kayıp bir kimliğe yeniden kavuşmak için eski bağlardan kurtulmak değildir. Yürüyerek kimlik fikrinin kendisinden, biri olma, bir isim ve hikâyeye sahip olma isteğinden kaçarsınız. Biri olmak, herkesin kendinden bahsettiği yüksek sosyete toplantılarında ya da terapi seanslarında iyidir. Oysa biri olmak, boynumuza ağır ve aptalca bir kurgu zincirleyen (bizi benlik tasvirimize sadık kalmaya zorlayan) toplumsal bir zorunluluk değil midir? Yürürken biri olmama özgürlüğünü yakalarız, çünkü yürüyen bedenin tarihi yoktur, o sadece hareket halindeki kadim yaşamdır. İşte biz, iki ayağı üstünde hareket eden, büyük ağaçlar arasındaki katıksız güç ve haykırıştan ibaret bir hayvanız. Yürürken yeniden keşfedilmiş o hayvanın varlığını ortaya koymak için sıkça haykırmamız da bu yüzdendir. Ginsberg ve Burroughs'un dahil olduğu Beat Kuşağı'nın yücelttiği bu büyük özgürlüğün, yaşamlarımızı un ufak edip uysal inlerimizi havaya uçurması gereken bu enerji sefahatinin içinde, dağlarda yürümek de şüphesiz bizi masumiyete eriştireceğini umduğumuz uyuşturucu, alkol ve seks âlemleri gibi bir araçtır.

Ne var ki bu özgürlük bir düşün farkına varmamızı sağlar: çürümüş, kirlenmiş, yabancılaştıran, içler acısı bir medeniyeti reddetmenin ifadesi olarak yürümek.

> Whitman'ı okuyorum, ne söylüyor biliyor musunuz, *Ayaklanın köleler, yabancı despotlar sarsılsın*, ona göre, eski çöl yollarındaki halk ozanının, Zen kaçığı ozanın tutumu bu olmalı; dünya her şeyin tüketilmesi zorunluluğuna ve tüketme gücüne sahip olmak, buzdolabı, televizyon, araba, belli başlı saç yağları, deodorantlar ve benzeri süprüntüler gibi aslında sahip olmak istemedikleri işe yaramaz hurda yığınlarını satınalma gücüne sahip olmak için çalışmayı reddeden sırt çantalı gezginlerin, Dharma serse-

rilerinin buluşma yeri olarak hayal edilmeli. (...) Binlerce, milyonlarca Amerikalı gencin sırt çantalarıyla yollara düştüğü büyük bir sırt çantası devrimini görür gibiyim...[1]

Yürümenin nadiren sağladığı son bir özgürlük daha vardır. Basit hazların yeniden keşfedilmesinin, arkaik hayvanın yeniden fethedilmesinin ardından gelir: *vazgeçişle* gelen özgürlük. Hint uygarlığını kaleme alan en önemli yazarlardan Heinrich Zimmer, Hindu felsefesinde yaşam yolculuğunun dört aşamaya ayrıldığını söyler. İlki çıraklık, öğrencilik, müritlik aşamasıdır. Yani yaşamın sabahında esasen efendinin buyruklarına itaat edilir, verdiği dersler dinlenir, eleştirilere boyun eğilir ve ilkelere ayak uydurulur. Almak, kabul etmek gerekir. İkinci aşamada, yaşamının öğleninde artık yetişkinliğe ulaşan adam evlenir, ailesinin sorumluluğunu üstlenerek evinin efendisi olur: Servetini elinden geldiğince idare eder, din adamlarının geçimine yardım eder, toplumsal zorlamalara boyun eğdiği gibi bu zorlamaları başkalarına da dayatır. Ona toplum ve aile içinde bir rol biçen toplumsal maskeleri takmayı kabul eder. Ardından, yaşamının öğle sonrasında çocuklar nöbeti devralmaya hazır hale geldiklerinde adam toplumsal görevleri, ailevi sorumlulukları, ekonomik endişeleri tümden reddedip keşiş hayatına geçebilir. Bu aşama "ormana çekilme"dir; zamanın başlangıcından beri içimizde değişmeden ikamet eden ve uyandırılmayı bekleyen şeyle, maskeleri, işlevleri, kimlikleri, tarihleri aşan ebedi Benlik'le içe dönme ve tefekkür yoluyla ilişki kurulur. Yaşamımızın sonsuz ve görkemli olması gereken yaz gecesinde, keşişin yerini seyyah alır nihayet: Bundan böyle yaşam, bir o yöne bir bu yöne yapılan sonsuz yürüyüşün, isim-

1. Jack Kerouac, *The Dharma Bums*, Penguin Modern Classics, Londra ve New York, 2000. [Türkçesi: *Zen Kaçıkları*, çev. Nevzat Erkmen, Ayrıntı Yayınları, İstanbul, 2012.]

siz Benlik'le Dünya'nın her yerde atan kalbi arasındaki ahengi resmettiği gezginliğe (göçebe dilencilik aşamasına) adanır. Bilge her şeyi reddeder. Tüm zincirlerden tamamen kurtularak ulaşılan, özgürlüğün en yüksek mertebesidir bu. Artık ne kendine ne de dünyaya bulaşır bilge. Geçmişe ve geleceğe aynı ölçüde kayıtsız kalarak, bir arada var olmanın ebedi şimdiliği olur sadece. Swami Ramdas'ın hac günlüklerinde de gördüğümüz gibi, her şeyi reddettiğimizde her şey bol bol sunulur bize. *Her şey*den kasıt, varlığın yoğunluğudur.

Uzun yürüyüşlerde, bu içten vazgeçişin getirdiği özgürlüğü bir anlığına da olsa yaşarsınız. Uzun süre yürüdüğünüzde, ne kadardır yürüdüğünüzü ya da varış noktanıza ulaşmak için daha ne kadar yürümeniz gerektiğini kestiremediğiniz bir an gelir. O katı zorunlulukların ağırlığını omuzlarınızda hissedip, "Bu da yeter bana," dersiniz, "hayatta kalmak için daha fazlası gerekmez ki. Bu şekilde günlerce, yüzyıllarca devam edebilirim." Nereye, niçin gittiğinizi zar zor hatırlarsınız; o da geçmişiniz veya saatin kaç olduğu kadar önemsizdir artık. Kendinizi özgür hissedersiniz, çünkü cehennemle yaptığınız anlaşmanın isim, yaş, meslek, özgeçmiş gibi eski işaretlerini hatırladığınız her an hepsi son derece gülünç, önemsiz ve gerçek dışı görünür gözünüze.

Niçin Bu Kadar İyi Bir Yürüyüşçüyüm
Nietzsche

Mümkün mertebe az oturmalı; açık havada yürürken doğmayan, şenliğine kasların da katılmadığı hiçbir düşünceye güvenmemeli. Önyargıların hepsi bağırsaklardan gelir. Daha evvel de söylediğim gibi, Kutsal Tin'e karşı işlenen esas günah yerinden kıpırdamamaktır.

Friedrich Nietzsche, *Ecce Homo*

"Kopmak zordur," der Nietzsche, "bir bağı ortadan kaldırmak acı vericidir. Fakat çok geçmeden yerine yeni bir kanat çıkar." Nietzsche'nin hayatı böyle ayrılmalardan, kopmalardan ve tecritlerden oluşacaktı: dünyadan, toplumdan, yoldaşlardan, meslektaşlardan, kadınlardan, arkadaşlardan ve ana babadan. Fakat yalnızlığın içine salladığı her kürek özgürlüğünün biraz daha derinleşmesinin işaretiydi: Hesap vermek yok, engel oluşturacak uzlaşmalar yok, görüşü açık ve tarafsız.

Nietzsche yorulmak nedir bilmeyen hatırı sayılır bir yürüyüşçüydü. Sık sık yürüyüşten bahsederdi. Açık havada yürüyüş yapmak, Nietzsche külliyatının *doğal bileşeni*, yazarlığının da değişmez refakatçisiydi.

Nietzsche'nin yaşamı dört perdeye ayrılabilir.

İlk perde 1844'teki doğumundan Basel Üniversitesi'ne filoloji profesörü olarak atanmasına dek geçen eğitim yıllarıyla açılır. İyi ve dürüst bir papaz olan babası genç yaşta (Nietzsche yaşındayken) ölür. Genç Nietzsche kendini Polon- ...ir soyun (Nietzski) son varisi olarak hayal etmekte- ...asının vefatının ardından annesi, büyükannesi ve kız ...şinin gözbebeği haline gelir, hepsi onun üzerine titrer. Bu ...ın zekâlı çocuk zor bir okul olan meşhur Pforta Ortaoku-...'nda klasik bir eğitim alır. Burada, faydasını daha sonra göreceği, "emir vermeyi bilmek için itaat etmeyi bilmek gerekir," düsturuna dayalı sıkı bir nizama tabi tutulur. Annesi büyük bir sevgi ve hayranlık beslediği oğlunun, parlak zekâsını Tanrı'nın hizmetinde kullanan bir teolog olacağını ummaktadır. İleri derece miyop olması haricinde Nietzsche güçlü kuvvetli, turp gibi bir adamdır. Sırasıyla Bonn ve Leipzig üniversitelerinde filoloji tahsilini başarıyla tamamlar. Filolog ve kütüphaneci Freidrich Ritschl'in tavsiyesiyle, yirmi dört gibi erken bir yaşta Basel Üniversitesi'ne filoloji öğretmeni olarak atanır. Böylece ikinci perde açılır.

•••

Zorluklar ve mücadeleyle geçen bir on yıl boyunca Yunan filolojisi dersi verir. Çok yoğun bir çalışma temposu vardır; üniversitenin yanı sıra şehirdeki en büyük ortaokulda da (Pedagogium) ders vermek zorundadır. Ancak Nietzsche'nin ilgi alanı yalnızca filolojiyle sınırlı değildir. Aslında her şeyden önce uzunca bir süre müzikle uğraşmayı denemiş, sonrasında felsefeye merak sarmıştır. Ama ona kucak açan filoloji olur. Nietzsche de onu kucaklar; gerçi gönlü buruktur biraz, zira en büyük isteği bu değildir. Yine de bu sayede hiç olmazsa Yunan yazarları okumuştur: tragedya yazarları (Aiskhylos, Sophokles); şairler (Homeros, Hesiodos); filozoflar (Herakleitos, Anaksimandros) ve tarihçiler (özellikle Diogenes Laertios, çünkü onun, "insanları sistemlerin üstünde ve ötesinde resmettiğini" söylemiştir).

İlk yıl çok iyi gider. Derslerine heyecanla hazırlanır, başarısını öğrencilerinin gözlerinden okur, yeni arkadaşlar edinir. İçlerinden biri, teoloji öğretmeni Franz Overbeck can dostu, yoldaşı olur. Yaşanacak facianın ardından Torino'ya onu bulmaya gidecek olan da bu hem iyi hem de kötü gün dostudur. Nietzsche 1869'da, "Usta"sına (Wagner) Tribschen'deki heybetli evinde yapacağı o duygu dolu ziyaret için Luzern'e gider. Orada Cosima'ya abayı yakar; daha sonra yazdığı delilik mektuplarında bu kadına, "Prenses Ariane, sevgilim," diye hitap edecektir, "bir önyargı insan yapar beni, yine de uzun zamandır önyargıların kapısını aşındırdığım doğru" (Ocak 1889).

Fakat coşkusu, üniversitede çalışmanın heyecanı ve o muhteşem sağlıklı günler uzun sürmez. Sık sık baygınlık ve kriz geçirmeye başlar. Bedeni, yapılan büyük hataların öcünü almaktadır.

Akademik sorunlar 1871'de *Tragedyanın Doğuşu*'yla baş gösterir ve filologları şaşkına döndürmekle kalmaz, öfkelendirir de. Böyle bir uğraşı ne demeye yazıya dökmüştür? Bu eser ciddiyetle yapılmış araştırmalardan ziyade anlaşılması güç metafiziksel sezgilerin ürünüdür: karmaşayla düzen arasındaki edebi çatışma. Derken arkadaşlıklarında da sorunlar yaşamaya başlar. Her yıl Usta'nın takdis töreni için Bayreuth'a gidip Tribschen'e dönerken Avrupalı bir gezgine dönüşür, ama bağnaz dogmacılığı ve kibriyle Wagner'in aslında iğrendiği şeyleri temsil ettiğini, bilhassa da müziğinin midesini kaldırdığını gün geçtikçe daha çok kavrar: Bu müzik onu hasta etmektedir. "Wagner'in müziği", diye yazacaktır ileride, "insanı boğuyor. Bir ruh çöküntüsü yaratıyor. Batmamak için devamlı 'yüzmelisiniz', yoksa çılgın, kaotik dalgalar gibi üstünüze kapanıyor. Onu dinlerken su boyunuzu aşıveriyor. Öte yandan Rossini dans etme isteği uyandırıyor içinizde, keza Bizet'nin *Carmen*'i de." Aşk hayatındaki kör talihi de onu canından bezdirir; aniden yaptığı evlilik teklifleri arka arkaya reddedilir. Son olarak sosyal hayatı bozulur, çünkü ne Bayreuth'un dünyevi patırtısının içinde ne de akademik ve entelektüel çevrelerde kök salmayı başarabilmiştir.

Her şey daha ağırlaşır. Her sömestr daha güç, daha katlanılmaz bir hal alır. Onu yataklara düşüren, karanlığın içinde acıyla kıvrandıran korkunç baş ağrıları sıklaşır. Gözleri acır, zar zor okuyup yazabilmektedir artık. Yazmaya veya okumaya ayırdığı her on beş dakika, migrenle geçecek saatlere mâl olur. Gözlerini kâğıda sabitleyemediğinden, başkalarından onun için okumalarını rica eder.

Önce derslerinden birinin iptal edilmesini, kısa süre sonra da ortaokuldaki öğretmenlik görevinden azledilmesini talep ederek orta yolu bulmaya çalışır. Bu girişimlerinin sonunda soluklanmak, gücünü yeniden kazanmak, toparlanmak için bir sene izin alır.

Ama hiçbiri işe yaramaz.

Aslında o dönemde yakasını bırakmayan korkunç acılarına derman olsun diye başladığı uzun yürüyüşler ve içine girdiği büyük yalnızlık Nietzsche'nin kaderini çizecektir. Bedelini saatler süren ıstırapla ödediği dünyevi uyarıcılardan, taleplerden ve tahrik unsurlarından kaçmak... Dikkatini şakaklarındaki çekiç darbelerinden uzaklaştırmak, onları dağıtmak ve *unutmak* için uzun uzun yürümek...

Nietzsche yüksek dağların çetin arazi yapısının ya da Güney'in taşlı yollarının hoş kokan kuraklığının büyüsüne henüz kapılmamıştır. Daha çok göl kıyılarında (Carl von Gersdorff'la birlikte Leman Gölü'nde günde altı saat) yürüyüp, ormanların gölgesine dalmaktadır (Kara Orman'ın güneyinde kalan Steinabad'daki köknar ormanları: "Ormanlarda bolca yürüyorum ve muazzam sohbetler yapıyorum kendimle").

1877 Ağustos'unda Rosenlaui'de münzevi hayatı yaşadığı sırada şöyle yazar: "Keşke bir yerlerde bunun gibi küçük bir evim olsaydı; günde altı-sekiz saat yürüyerek, eve döndüğümde sayfalara aktaracağım düşüncelerle doldururdum aklımı."

Fakat hiçbiri sonuç vermez. Ağrılar çok şiddetlidir. Tek bir migren atağı onu günlerce yatağa bağlamaya yeter, acı dolu istifra krizleri yüzünden bütün gece gözüne uyku girmez. Gözleri ağrır, görme yetisi zayıflamaya başlar. 1879 Mayıs'ında üniversiteye istifa mektubunu sunar.

•••

İstifasıyla birlikte yaşamının 1879 yazından 1889'un ilk günlerine dek süren on yıllık üçüncü perdesi açılır. Nietzsche bu dönemde gayet mütevazı bir hayat yaşamasına, küçük otellerde kalmasına, onu dağlardan denize denizden dağlara taşıyan tren yolculuklarına, bazen de Peter Gast'ı ziyaret etmek için Venedik'e gitmesine olanak veren üç küçük emekli maaşıyla geçinir. O eşsiz efsanevi yürüyüşçüye dönüşmesi de aynı döneme rastlar. Nietzsche yürür, başkaları nasıl çalışıyorsa o da öyle yürür. Yürürken çalışır.

Yukarı Engadin dağını daha ilk yazında keşfeder, ertesi sene de köyünü, Sils-Maria'yı bulur. Buraların havası temiz, rüzgârı sert, ışığı keskindir. Boğucu sıcaklardan nefret ettiği için, çöküşe kadar bütün yazları (Lou yılı dışında) burada geçirecektir. Arkadaşları Overbeck ve Köselitz'e *tabiatını, parçasını* keşfettiğini; annesine de "yarı kör olmuş ben, temenni edebileceğim en güzel yolları, kuvvet veren en iyi havayı buldum," diye yazar (Temmuz 1879). Buranın doğasıyla "bir kan bağı, belki daha da fazlasının"[2] olduğunu hissetmiştir.

2. Friedrich Nietzsche, *Le Voyageur et son ombre*, çev. Henri Albert, Gallimard, 1975. [Türkçesi: *Gezgin ve Gölgesi*, çev. Mustafa Tüzel, İş Bankası Kültür Yayınları, İstanbul, 2016.]

O ilk yazdan itibaren günde sekiz saat yalnız başına yürür ve *Gezgin ve Gölgesi*'ni yazar.

> Birkaç satır dışında hepsi yolda düşünüldü ve kurşun kalemle altı küçük deftere karalandı.[3]

Nietzsche kışı başta Cenevre ve Rapallo Körfezi, sonra da Nice gibi Güney kentlerinde geçirir ("Sabahları ortalama bir saat, öğleden sonraları üç saat hızlı adımlarla hep aynı yolda yürüyorum. Bu yol tekrarları katlanılır kılacak kadar güzel," Mart 1888), Menton'a ise bir sefer gider ("Sekiz tane yürüyüş yolu buldum," Kasım 1884). Tepeler yazı kürsüsü olur, denizse görkemli çatısı ("Deniz ve alabildiğine gökyüzü! Bunca zaman ne diye işkence etmişim kendime!" Ocak 1881).

Açık havada dünyaya ve insanlara yukarıdan bakarak yürürken yazar, hayal kurar, keşfeder, kendinden geçer, buldukları karşısında ürker, altüst olur ve *aklına gelen fikirlere* kapılır.

> Duygularımın yoğunluğu beni aynı anda hem güldürüyor hem de ürpertiyor (birkaç sefer gözlerimin kızarmış olması gibi gülünç bir sebepten odamdan çıkamadım), neden mi? Önceki gün uzun yürüyüşlerim sırasında çok ağladım, ama öyle içli gözyaşları değil, salına salına şarkılar söyleyerek sevinç gözyaşları döktüm, bugünün insanları karşısındaki ayrıcalığımı gösteren yeni bir bakış kazandım.[4]

Nietzsche aralarında *Tan Kızıllığı*, *Ahlakın Soy Kütüğü Üzerine*, *Şen Bilim*, *İyinin ve Kötünün Ötesinde* ve, unutmadan,

3. Ekim 1879 tarihli mektup (Friedrich Nietzsche, *Dernières lettres*, çev. C. Perret, Rivages, Paris, 1992).
4. Ağustos 1881 tarihli mektup, Friedrich Nietzsche, *Dernières lettres*, çev. C. Perret, Rivages, Paris, 1992.

Böyle Söyledi Zerdüşt'ün bulunduğu en önemli eserlerini bu on yıl zarfında yazar. Keşiş olur ("keşişe dönüşmüş buldum kendimi yeniden, günde on saat keşiş adımları atıyorum," Temmuz 1880); münzevi, gezgin olur.

•••

Yürüyüş burada Kant'taki gibi işe ara vermek ya da oturmaktan kamburu çıkmış, iki büklüm olmuş vücuda yapılan asgari bir temizlik değildir. Nietzsche çalışmak için yürümek zorundadır. Dinlenmenin, hatta refakatçisi olmanın bile ötesinde, Nietzsche'nin tam olarak *parçasıdır* yürüyüş.

> Sadece kitaplar arasında düşünebilenlerden, aklını kitapların dürtüklemesini bekleyenlerden değiliz biz. Bizim *ethosumuz* açık havada, tercihen yolların bile tefekküre daldığı ıssız dağlarda veya deniz kıyılarında yürüyerek, sekerek, tırmanarak, dans ederek düşünmektir.[5]

Onca insan kitaplarını sadece başka kitapları okuyarak yazmıştır; o kitapların pek çoğu havasız kütüphanelerin kokusunu taşır. Bir kitabı neye dayanarak değerlendiririz? Kokusuna göre (ileride göreceğimiz üzere, ritmine göre hatta). Kokusuna göre, zira bir dolu kitabın üstüne okuma salonlarının veya masalarının o küf kokusu sinmiştir. Havasız, ışıksız odalar... Rafların arasına doğru düzgün nüfuz edemeyen hava bir de küfle, usul usul çürüyen kâğıtların kokusuyla ve mürekkepteki kimyasal değişimle ağırlaşır. Buraların havası zehir yüklüdür.

5. Friedrich Nietzsche, *Le Gai Savoir*, çev. Pierre Klossowski, Gallimard, 1989. [Türkçesi: *Şen Bilim*, çev. Levent Özşar, Asa Kitabevi, Bursa, 2003.]

Bazı kitaplarsa ferah havayı solur; dışarının zindeleştiren havasını, ulu dağların rüzgârını, göğe uzanan sarp kayalıkların zangırdatan buz gibi soluğunu ya da çamların arasından geçen Güney yollarının taze ve serin sabah esintisini. Bu kitaplar nefes alır. Mağrur, ölü bir bilgeliğe bulanıp ağırlaşmamışlardır.

> Yazarın fikirlerinin aklında nasıl belirdiğini; fikirlerin mürekkep hokkasının başında, karnı sıkışmış, kafası sayfalara gömülmüş haldeyken mi gelip gelmediğini çabucak anlarız; ki bu durumda kitabıyla alakamızı da çabucak keseriz! Kasılmış bağırsaklar kendini hızla ele verme konusunda –bundan hiç şüpheniz olmasın– ağır havadan, alçak tavanlardan ve dar odalardan geri kalmaz.[6]

Farklı bir ışık arayışı da vardır. Kütüphaneler her daim çok karanlıktır. Yan yana dizili kim bilir kaç ciltten oluşmuş tepeler, yığınlar ve yüksek raflar; hepsi de ışığın içeri girmesini engellemek üzere bir araya gelmişlerdir.

Bazı kitaplar dağların keskin ışığını veya denizin güneşli pırıltılarını yansıtır. Özellikle de renkleri... Kütüphaneler de, orada yazılan kitaplar da gridir. Alıntılarla, referanslarla, dipnotlarla, sayısız çürütmelerle dolup taşarlar.

Yazarın bedenini getirin aklınıza: ellerini, ayaklarını, omuzlarını, bacaklarını. Kitapları fizyolojinin ifadesi olarak düşünün. Pek çok kitapta oturup kalmış, kamburlaşmış, iki büklüm olmuş, masanın üstüne büzülmüş bir bedenin varlığını hissedebilirsiniz. Yürüyen bir beden kıvrımsızdır, yay gibi gergindir; güneşe maruz çiçek gibi, çıplak gövdesi, gergin bacakları, ince kollarıyla maruzdur engin boşluğa.

6. Age.

Bir kitabın, bir insanın veya bir müzik kompozisyonunun değerini anlamaya yönelik ilk sorumuz şudur: Yürüyebiliyor mu?[7]

Duvarların arasında hapsolmuş, sandalyelerine çakılıp kalmış yazarların kitapları hazmedilemeyecek kadar ağırdır. Masada duran diğer kitapların derlemelerinden doğarlar. Bu kitaplar semiz kazlara benzer: Alıntılarla beslenmiş, referanslarla doldurulmuş, dipnotlarla oldukları yere çökmüşlerdir. Gülle gibidirler, obezdirler, *sıkıcıdırlar* ve güçlükle, yavaş yavaş okunurlar. Satırların başka satırlarla karşılaştırılması ve başkalarının zaten etraflıca anlattıkları hakkında yazanların söylediği şeylerin tekrar edilmesiyle ortaya çıkan, başka kitaplardan oluşan kitaplardır bunlar. Doğrular, açıklığa kavuştururur ve düzeltirler; bir cümle bir paragrafa, koca bir bölüme dönüşür. Bir kitap, bir başka kitaptaki tek bir cümle üzerine yazılmış yüz kitabın yorumu olmuştur.

Oysa eserini yürürken yaratan yazarın böyle prangaları yoktur; düşüncesi başka ciltlerin kölesi değildir, doğrulamalarla hantallaşmamış, başkalarının düşünceleriyle ağırlaşmamıştır. Başkalarının açıklamalarını ihtiva etmez; sadece düşünce, muhakeme ve karardan ibarettir. Hareketten, dürtüden doğan bir düşüncedir. Onda bedenin esnekliğini, enerjisini, dansın ritmini duyumsarız. Düşünce, kültür ve geleneğin yarattığı karmaşalardan, belirsizliklerden, engellerden ve kalıplardan azadedir, sadece şeyin kendisi hakkındadır. Ortaya uzun, kılı kırk yaran eleştirel bir yorum değil, hafif ama derin düşünceler çıkacaktır. Asıl zorluk işte budur: Düşünce ne kadar hafifse o kadar çok yükselir ve kanaatin, takdirin, yerleşik düşüncenin dipsiz bataklığından hızla uzaklaşarak derinleşir.

7. Age.

Kütüphanelerde doğan kitaplarsa ağır ve sığdır, birer kopya seviyesinde kalırlar ancak.

Yürürken düşünmek, düşünürken yürümek; sonra da yazmayı kısa bir mola ânına indirgemek, yürüyen bedeni geniş, açık mekânları seyreylerken dinlenmeye bırakmak gibi...

Bu durum bizi Nietzsche'nin ayağa düzdüğü methiyeye götürür: Sadece elimizle yazarız evet, ama "sadece ayağımızla" *iyi* yazarız. Ayak mükemmel, hatta belki de en sağlam tanıktır. Okurken öncelikle ayak "kulak kesiliyor" mu, buna dikkat etmemiz gerekir çünkü Nietzsche'ye göre ayak işitir. Zerdüşt'ün ikinci "dans şarkısı"nda okuruz bunu: "Ayak parmaklarım dinlemek için dikiliyorlar çünkü bir dansçının kulakları ayak parmaklarındadır"; okurken keyiften titriyorsa, derhal *dışarıya*, dansa davet edildiğindendir. Bir müzik eserinin kalitesini anlamak için ayağa güvenmelidir insan. Müzik eserini dinlerken ayak ritme uymak, zıplamak istiyorsa bu iyiye işarettir. Müzik hafifliğe davettir. Bu açıdan Wagner'in müziği ayağı bunalıma sokar; ayak paniğe kapılır, ne yapacağını şaşırır. Daha da fenası bitkinleşir, sürüklenmeye, bir o yana bir bu yana dönmeye başlar ve öfkelenir.

Nietzsche'nin son metinlerinde dile getirdiği üzere, Wagner dinlerken dans etme isteği duymak mümkün değildir, çünkü müziğin girdabında, bulanık dalgalarında, dağınık arzularında boğulur insan.

> Bu müzik etkisini hissettirmeye başlar başlamaz nefes almakta zorlanıyorum... ayağım sinirlenip başkaldırıyor. Tempo tutmak, dans etmek, uygun adım yürümek istiyor ayağım. İyi bir yürüyüşün... yarattığı esrimeyi bekliyor müzikten.[8]

8. Friedrich Nietzsche, *Le Cas Wagner*; Nietzsche contre Wagner, çev. Jean-Claude Hémery, Gallimard, 1980. [Türkçesi: *Wagner Olayı*, çev. M. Osman Toklu, Say Yayınları, İstanbul, 2004.]

Nietzsche gökyüzüyle, denizle, buzullarla yüz yüze olan hareket halindeki bedenin, tasavvurunda uyandırdığı her şeyi şurada burada karalayarak her gün yürüyordu. Ben bu yürüyüşlerin yukarı doğru yapıldığını düşünürüm hep. "Ben," der Zerdüşt, "bir gezgin ve dağcıyım; düzlüklerden hoşlanmam ve görünüşe göre uzun süre kıpırdamadan oturamam. Beni bekleyen kader her neyse, yaşayacak daha neyim varsa, yürümek ve dağa tırmanmak olacak içinde: kişinin tecrübe edeceği şey nihayetinde hep kendidir."[9] Nietzsche için çıkmak, tırmanmak, yükselmek demektir yürümek.

1876'da Sorrento'dayken günlük yürüyüşlerini kasabanın arkasında yükselen dağların patikalarında yapardı. Nice'ten yola çıkıp Eze adındaki küçük köye giden sarp patikayı tırmanmayı severdi; orada neredeyse tam tepesinden bakardı denize. Sils-Maria'dan yüksek vadilere çıkan yolları izlerdi. Rapallo'da Monte Allegro'ya ("bölgenin başlıca zirvesi") tırmanırdı.

Gérard de Nerval'e göre, ormanlardaki patikalar –düz labirentler– ve alçak düzlükler, "yürüyen bedeni" uysallığa, rehavete davet eder ve anılar sis gibi usul usul zuhur ederler. Nietzsche'de hava çok daha zinde, bilhassa keskin ve berraktır. Düşün zehir gibidir, beden hem uyanıktır hem de tir tir titrer. Dolayısıyla akla uyuşuk uyuşuk üşüşen anılar yerine, muhakeme söz konusudur: teşhisler, keşifler, ara cümleler, hükümler.

Tırmanan beden güç harcar; sürekli baskı altındadır. İrdeleme halindeki düşüne yardım eder, biraz daha ileriye, biraz daha yükseğe iter onu. Enerjiyi heba ederek değil, enerjiyi harekete geçirerek ilerlemek, ayakları yere sağlam basıp bedeni yavaşça kaldırmak, sonra da dengeyi yeniden tutturmak

9. Friedrich Nietzsche, *Ainsi parlait Zarathoustra*, çev. Maurice de Gandillac, Gallimard, 1985. [Türkçesi: *Böyle Söyledi Zerdüşt*, çev. Mustafa Tüzel, İş Bankası Kültür Yayınları, İstanbul, 2011.]

önemlidir. Düşünde söz konusu olan, çok daha inanılmaz, duyulmamış, *yeni* bir fikre ulaşmaktır. Yani önemli olan irtifa kazanmaktır. Bazı düşünceler düzlüklerin ve kederli kıyıların altı bin adım yukarısında akla gelir sadece.

> "İnsanın ve zamanın altı bin adım ötesinde." O gün Silvaplana gölü kıyısındaki ormanda yürüyordum; Surlei yakınlarındayken, piramit misali yükselen kocaman bir kaya kütlesinin yanında mola verdim. İşte bu düşünce o anda geldi aklıma.[10]

Dünyanın ayaklarının altında kıpırdandığını bilmek... *Suave turba magna...*[11] nasıl da güzeldir berrak, buz gibi havada durup, aşağılardaki uzak bir noktada çürüyen hareketsiz kalabalığı fark etmek... Ama hayır, Nietzsche'nin asil bakış açısında böylesine kibirli bir küçümseme olur mu hiç?

Bunun da ötesinde, düşünmek için bağımsız bir bakış açısına, belli bir mesafede bulunmaya ve temiz havaya ihtiyaç vardır. Daha incelikli düşünmek serbestlik ister. O zaman ayrıntıların, tanımlamaların, kesinliklerin önemi kalmaz. Önemli olan, insanların alınyazısının gözler önüne serilmesidir. Yükseklerden bakılınca manzaradaki devinimler, tepelerin çizgileri görülebilir. Tarih de böyledir: antik dönem, Hıristiyanlık, modern çağ... Arketipler, kişilikler ve öz bağlamında ne üretmiştir bunlar? İnsan burnunu tarihlere, olaylara gömdüğü anda, her şey kişinin kendi özgünlüğünün içine sıkışır. Oysa kurgulamaya, mitlere, ortak kaderler inşa etmeye ihtiyaç vardır.

10. Friedrich Nietzsche, *Ecce Homo*, çev. Jean-Claude Hémery, Gallimard, 1978. [Türkçesi: *Ecce Homo*, çev. Can Alkor, İş Bankası Kültür Yayınları, İstanbul, 2015.]
11. (Lat.) Tatlı büyük kalabalık. –çn

Yaşlı uygarlığımıza karşı doğru düzgün bir bağımsız bakış açısı kazanabilmemiz için daha çok yol almamız gerek, yavaşça, ama hep daha yukarıya.[12]

Yolun kendisi kadar belirgin bir şey vardır, o da yerlerinde oturanların aptalca aldırışsızlığı değil, Nietzsche'nin her zaman kendi sorunu addettiği merhamettir ("Çocukluğumdan beri 'acımak en büyük zaafım' lafını teyit edip durdum," Eylül 1884). İnsanların kendilerinden yoksun oldukları için ayinler ya da eğlencelerle oyalanmalarına, hüzünlü suretlere bürünmelerine, benzerleri tarafından onaylanma ihtiyaçlarına duyulan merhamettir bu. Halbuki yukarılardan, bağımsız bir bakış açısıyla bakıldığında insanı neyin hasta ettiği anlaşılır: yerleşik ahlakın zehri.

Bu uzun mu uzun yürüyüşlerde bir yamaç aşıldığında yeni bir manzara belirir bir anda. Harcanan gücün, uzun tırmanışın ardından beden etrafına şöyle bir döner ve ayaklarının altına serili sonsuzluğu görür veya yolun kıvrılmasıyla birlikte bir dönüşüme şahit olur: Bir dağ dizisi, bir görkem vardır uzanmış *bekleyen.*

Bir dolu özlü sözün kaynağı, perspektifteki bu ani değişikliklerin, beklenmedik anda başka bir şeyle karşılaşmanın, ve kişinin kendine özel yeni bir manzara keşfetmesinin yarattığı sevinçtir.

Velhasıl Bengi Dönüş'ün yürüyüş deneyimine borcundan bahsetmek icap eder; tabii Nietzsche'nin uzun gezintilerini tanıdığı yollarda, tekrar tekrar yürümekten hoşlandığı yön tabelalı patikalarda yaptığını da göz önünde bulundurarak. İnsan görmeyi beklediği görüntünün ortaya çıkacağı döneme-

12. Temmuz 1876 tarihli mektup (Friedrich Nietzsche, *Dernières lettres*, çev. C. Perret, Rivages, Paris, 1992).

ce ulaşmak için uzun uzun yürür, oraya vardığındaysa manzara hep titreşir. Bu titreşim yürüyenin bedeninde tekrar eder kendini. Akort edilmiş iki tel gibi titreşip duran, birbirlerinin titreşiminden beslenen iki mevcudiyetin ahengi sonsuz kez baştan tanışmak gibidir.

Bengi Dönüş, bu iki olumlamanın tekrarının sürekli bir döngü içinde açıldıkça açılması, mevcudiyetlerin titreşiminin döngüsel dönüşümüdür. Yürüyenin manzaranın hareketsizliği karşısındaki hareketsizliği... sonsuz değiştokuş döngüselliğinin doğmasını sağlayan bu müşterek mevcudiyetin yoğunluğudur: Ben her zaman buradaydım, yarın da bu manzarayı seyrediyor olacağım.

•••

Fakat Nietzsche 1880'lerin ortasında artık eskisi gibi yürüyemediğinden şikâyet etmektedir. Sırtı ağrıdığı için koltukta uzun süre arkasına yaslanarak oturmak zorundadır. Yine de yürümekte ısrar eder, fakat yürüyüşleri kısalmıştır. Hatta zaman zaman yanına refakatçi de alır. "Sils'in keşişi" diye anılan adam, kendisine hayran genç kadın muhafızlarla yürüyüşe çıkmaktadır artık: *Eğitimci Olarak Shopenhauer*'ı tercüme eden Helen Zimmern, ona yöredeki asillerin büyük desteğini sağlayan genç aristokrat Meta von Salis, öğrenci Resa von Shirnhofer ve felsefeye henüz uyanmış Hélène Druscowitz...

Gezintiler eskisi gibi değildir, yalnızlık azalmıştır. Nietzsche etrafı kültürlü kadınlarla çevrili görgülü, nazik beyefendiyi oynamaktadır. Onları Bengi Dönüş aydınlanmasını yaşadığı kayaya götürür, Wagner'le arkadaşlığının sırlarını anlatır kederle.

Sonra ıstırap yavaş yavaş bir kez daha yakasına yapışır: 1886'dan itibaren, kronikleşen migren ağrılarından yakınmaya başlar. İstifra krizleri de yeniden baş gösterir. Her kısa gezintinin ardından kendine gelmek için birkaç güne ihtiyaç duymaktadır. Yürüyüş biraz uzun sürdüğünde, yorgunluğu günlerce devam etmektedir.

Şehirlerden gittikçe daha çok tiksinir olmuştur; ona göre şehirler kirli ve pahalıdır. Kışın Nice'te kalırken, güneye bakan odaların fiyatını karşılayacak parası olmadığından soğuktan mustarip olur. Sils'te geçen yaz aylarındaysa havayı çoğunlukla çok kötü bulur. Venedik de bunaltıcı gelir ona. Durumu kötüleşmektedir.

Son bir dönüşüm vardır geçirilecek. Hayatının son perdesi bir yenilenme şarkısı, bir neşeye övgü olarak açılır.

Torino'yu ilk 1888 Nisan'ında keşfeder. Bir çeşit aydınlanma yaşar: Şehir "hem ayaklara hem de gözlere" hitap eder, "nasıl güzel kaldırımlar onlar öyle!" Po kıyısında yaptığı uzun yürüyüşler aklını başından alır.

Sils'te hiç olmadığı kadar korkunç geçen son bir yazın ardından ("dinmek bilmez ağrılar, hiç durmadan kusmak") Eylül'de Torino'ya döner ve aynı mucizeyle karşılaşır, neşesi yerine gelir.

Ani mutluluğu beraberinde muazzam bir sağlık getirir. Bütün rahatsızlıkları mucizevi bir şekilde yok olur. Bedenini artık sadece bir hafiflik, bir coşku olarak duyumsamaktadır. Hızlı ve verimli çalışır. Göz ağrıları geçer, midesi her şeyi kaldırır. Birkaç ay içinde yıldırım hızıyla bir sürü kitap yazar. Tutku dolu yürüyüşler yapıp, akşamları da "değerleri yeniden değerlendirecek" dört yapıtı için notlar biriktirir.

Joseph Burkardt 1889'un başlarında Nietzsche'den 6 Ocak tarihli bir mektup alır. Mektubu okuyunca telaşlanır çünkü bu sözler aklını kaçırmış birine, bir deliye aittir ("Neticede Basel'de hoca olmayı Tanrı olmaya yeğlerdim, ancak bencilliği, dünyayı yaratmaktan vazgeçme noktasına götürme konusunda şüpheye düştüm").

Ocak'ın o ilk haftasına ait diğer mektuplar da aynı durumu gözler önüne serer: Nietzsche mektupları Dionysos veya "Çarmıha Gerilen" diye imzalamıştır ("Bir kere keşfettin mi, kolayca bulursun artık beni; bundan sonraki zorluk beni kaybetmek olacaktır").

Burkardt hemen Overbeck'e haber verir, Overbeck de alelacele Torino'ya gider ve Nietzsche'yi Davide Fino'nun evindeki kiralık odasında bulur.

Ev sahipleri şaşkındır çünkü Nietzsche iyice kontrolden çıkmıştır. Sahibinden dayak yiyen bir atın boynuna sarılıp uzun uzun ağlamıştır. Anlaşılmaz sözler geveleyerek etrafta dolaşmakta, gelip geçenlere vaazlar vermekte, cenazelere gidip ölünün kendisi olduğunu söylemektedir.

Overbeck odaya girdiğinde Nietzsche'yi bitkin bir halde büzüştüğü koltuğunda dehşetli gözlerle son kitabının prova baskısına bakarken bulur. Nietzsche gözlerini kaldırıp da eski dostunu görünce şaşkınlıkla ayağa fırlayıp boynuna sarılır. Onu tanımıştır. Ağlamaya başlar. "Sanki görüyordu," diye yazar Overbeck daha sonra, "sanki ayaklarının altında açılan uçurumu görüyordu."

Sonra tekrar koltuğuna oturup büzüşür.

Artık ulaşılmazlık mevkiindedir; sanki prenstir de herkes ona saygı göstermelidir. Nietzsche tren istasyonuna gitmesi için ikna edilir, yolda avazı çıktığı kadar bağırır, çığlık çığlığa şarkılar söyler. Delirmiştir. Overbeck, Ekselanslarının, onuruna verilen bir resepsiyona katılması gerektiğini söyleyerek onu Basel'e götürmeyi başarır.

Nietzsche, Basel kliniğine yatırılır, fakat iyileşme belirtisi gösteremeden Jena'ya nakledilir. Sonunda annesi onu Naumburg'daki evlerine götürür ve ömrü yettiğince onunla sadakatle, sabırla ve sevgiyle ilgilenir. Yedi yıl boyunca onu yıkar, teselli eder, dolaştırır, gece gündüz başında bekler, ona bakar.

Nietzsche gitgide sessizliğe gömülür, konuştuğundaysa tutarsız sözler sarf eder. Bölük pörçük cümleleri anlamsızdır. Düşünemez olmuştur artık. Yine de bazen piyanonun başına geçip doğaçlama yapar. Migren ağrıları ve gözlerindeki acı dinmiştir.

Annesi ona bir tek uzun yürüyüşlerin iyi geldiğini fark eder ama bu hiç de kolay değildir, zira Nietzsche yoldan gelip geçenlere takılmakta, ortalık yerde böğürmektedir. Çok geçmeden annesi gezintileri kısa tutmaya başlar çünkü kırk dört yaşındaki oğlunun ayı gibi böğürmesinden veya rüzgâra sövüp saymasından utanmaktadır. Arada bir akşamüstü etrafta kimseler yokken oğlunu dışarı çıkarır ki kimseyi rahatsız etmeden çığlık atabilsin.

Ancak kısa süre sonra bedeni Nietzsche'ye ihanet eder. Felç sırtını yavaş yavaş ele geçirir ve Nietzsche kendini tekerlekli sandalyede bulur. Saatler boyunca bir sağ bir sol eline veya bir şeyler mırıldanarak ters tuttuğu kitaplara bakar. İnsanlar etrafında dört dönerken o biçare halde sandalyesinde oturur. Yeniden çocuk olmuştur. Annesi onu tekerlekli sandalyeyle verandada dolaştırır. 1894'ün sonbaharıyla birlikte yakınları, yani annesi ve kız kardeşi hariç kimseyi tanımaz olur; tükenmiştir, gözlerini ellerine dikerek kımıldamadan oturur sadece. Binde bir, "Her şeyin sonunda, ölüm"; "Atları ortalığa saçmıyorum"; "Işık kalmadı" gibi cümleler kurar.

Çöküş yavaş ama kaçınılmazdır. Çukura kaçmış gözlerinin feri son sürat söner.

Nietzsche 25 Ağustos 1900'de Weimar'da hayatını kaybeder.

Muhtemelen gelecekteki insanlar için bir kaçınılmazlık, onların kaçınılmazı olacağım – dolayısıyla bir gün dilsiz kalmam kesinlikle mümkün, hem de insanlığın hatırına!!!

Dışarısı

Yürümek dışarıda, "açık hava" dediğimiz yerde olmaktır. Yürümek şehirli insanın mantığını, hatta en yaygın şartlanmışlıklarını bile tersyüz eder.

Dışarı çıktığınızda bir "içeriden" diğerine geçersiniz hep: daireden büroya, evden en yakındaki mağazaya... Başka yerlerde, başka şeyler yapmak için dışarı çıkarsınız. Dışarısı bir geçiştir: Ayıran şeydir; burayla ora arasındaki bir engeldir âdeta. Ancak kendine ait bir değeri yoktur; evle metro durağı arasındaki mesafedir. Telaşlı bir beden ve özel hayata dair ayrıntılarla yarı meşgul bir zihinle birlikte –ki bu zihin bir yandan da işin zorunluluklarıyla meşguldür– eller, koşturan bacaklardaki cepleri karıştırıp hiçbir şey unutulmadığından emin olmaya çalışırken katedilen mesafedir hep. Dışarısı güçlükle var olur; ayırıcı bir koridor, bir tünel, devasa bir hava kilidi gibidir.

Bazen de sadece "hava almak" için dışarı çıkarsınız; kendinizi nesnelerin ve duvarların hareketsizliğinin ağırlığından kurtarmak için. Çünkü içeride fazlasıyla bunalırsınız, güneş yukarıda parlarken "soluklanmak" istersiniz; bu ışıktan mahrum kalmak haksızlık gibi gelir size. Elbette bir yerlere gitmek için değil, sadece dışarıda olmak, bahar esintisinin ferah serinliğini ya da kış güneşinin narin ılıklığını hissetmek için dolaşmaya çıkarsınız. Bir fasıla, idareli bir mola... Çocuklar da sırf dışarı çıkmış olmak için dışarı çıkarlar. O yaşlarda "dışarı çıkmak" oynamak, koşmak, gülmek demektir; sonralarıysa arkadaşlarla buluşmak, ebeveynlerden uzakta olmak, başka bir şeyler yapmak. Ama çoğunlukla dışarısı yine iki kapalı alan arasında kalır: bir ara istasyon, bir geçiş; zamanla sınırlı bir mekân.

Dışarısı...

Günlere yayılan yürüyüşlerde, büyük gezintilerde her şey tersine döner. "Dışarısı" artık bir geçiş değil, süreklilik unsurudur. Tersine dönen şudur: Bir pansiyondan diğerine, bir sığınaktan ötekine gidersiniz; habire değişen ve çeşitlenen şey "içerisi"dir artık. Aynı yatakta iki kere uyumazsınız, her akşam başka bir evsahibi misafir eder sizi. Her dekor, her ortam yeni bir sürprizdir; çeşit çeşit duvarlar, taşlar.

Durursunuz: Gece çökmüş, beden yorulmuştur, dinlenmemiz gerekir. Bu içeriler her defasında kilometre taşlarıdır, dışarıda daha uzun süre kalmayı sağlayan araçlardır, geçişlerdir.

Bahsedilmeye değer bir başka konu da sabah atılan o ilk adımların yarattığı tuhaf etkidir. Haritaya bakmış, yola karar vermiş, vedalaşmış, çantalarınızı toplamış, izleyeceğiniz patikayı işaretlemiş, gideceğiniz yönü gözden geçirmişsinizdir. Sanki tereddütle, yola çıkmayı ertelemek için bu işlere verirsiniz kendinizi: Durur, yönü kontrol eder, bulunduğunuz noktada dönersiniz. Sonra yol önünüzde açılıverir. Yola atılır, ritmi tutturursunuz. Başınızı kaldırınca yolda olduğunuzu görürsünüz, sırf yürümek, dışarıda kalmak için düşmüşsünüzdür yola. Olan biten budur, her şey bundan ibarettir, oradasınızdır. Dışarısı bizim bir diğer parçamızdır: Bir araya geldiğimizde hayatta olduğumuzun tam ayırdına varırız. Bir pansiyondan diğerine gitmek için ayrılırsınız, ama üzerinize yapışan süreklilik hissi, etrafınızı kuşatan manzaralar ve hep orada duran tepe sıralarından ileri gelir. Ve onların arasında sanki kendi evimdeymiş gibi dolaşan benim; yürüyerek meskenimi ölçüyorum. Katedip ardınızda bıraktığınız mecburi yollar sizin için tek gecelik yataklar, tek seferlik yemekhanelerdir ve buraların sakinleri de birer hayalettir; kalıcı meskeniniz sadece manzaradır.

İşte "dışarısı" ile "içerisi" arasındaki o büyük ayrım yürüyüşle altüst olur. Dağları, ovaları aşıp pansiyonda konakladığımızı söylememeliyiz, zira bunun neredeyse tam tersi olmaktadır: Günler boyunca ikamet ettiğim yer bu tabiattır, onu yavaş yavaş ele geçirir, mekânım kılarım.

Dünyanın tam ortasında, istirahat duvarlarını ardınızda bıraktığınız ve yüzünüzün rüzgârla buluştuğu anda, sabahların o tuhaf etkisi de ortaya çıkabilir artık: Sabahtan akşama kadar evim burası işte, yürüyerek ikamet edeceğim yer.

Yavaşlık

O sözünü hiç unutmayacağım. İtalya Alpler'inde dik bir patikayı tırmanıyorduk. O zamanlar Mateo yetmiş beşini devirmişti ve benden en az yarım yüzyıl büyüktü. Tığ gibiydi; nasır tutmuş iri elleri, kırış kırış bir suratı ve dimdik bir duruşu vardı. Yürürken kollarını üşüyormuş gibi kavuşturur ve bej, kanvas bir pantolon giyerdi.

Bana yürümeyi o öğretti. Yürümenin öğrenilmediğini, en azından burada teknik, başarı veya başarısızlık, öyle değil böyle yapılan bir şey olmadığını, yürümek için kendinizi toparlamanız, idman yapmanız ya da odaklanmanız gerekmediğini az önce söyleyen de bendim. Herkes bilir yürümeyi. Bir ayak diğerinin önüne atılır. Herhangi bir yere gitmek için bu mesafeyi doğru bir ritimle katetmek yeterlidir. Tek yapmanız gereken bunu tekrarlamaktır: bir ayak diğerinin önüne.

Aslında lafın gelişi "öğretti" diyorum. Birkaç dakikadır dik bir patikayı tırmanırken ensemizde başkalarının nefesini hissetmeye başlamıştık. Hızlı gidip bizi geçmek isteyen bir grup gürültücü genç, varlıklarını hissettirmek için sert adımlar atıyorlardı. Biz de kenara çekilip iki ayağı bir pabuca girmiş feryat figan güruha yol verdik; küstah küstah gülümseyerek teşekkür ettiler. Onların geçip gitmesini izleyen Mateo, "Bak, oraya varamayacaklarından korktukları için bu kadar hızlı yürümek istiyorlar," dedi.

Kıssadan hisse şuydu ki, yürürken, kendine güvenin ve cesaretin sahici göstergesi yavaşlıktır. Fakat burada tam anlamıyla hızın zıddı olmayan bir yavaşlıktan söz ediyorum. Bu öncelikle adımların son derece istikrarlı olmasıdır, yeknesaklıktır. İyi yürüyüşçü süzülerek gider ve adımları yarım daireler çizer. Kötü yürüyüşçüyse bazen hızlı ilerleyebilir, süratlenebilir, sonra yavaşlayabilir. Hareketleri kesik kesiktir, adımları köşeli açılar çizer. Aniden kazandığı hızın ardından soluk soluğa kalır. Coşkuyla hareket etmenin, bedeni itip kakmanın sonucu kan ter içinde kalmış kıpkırmızı bir surattır. Yavaşlık tam olarak aceleciliğin zıddıdır.

Tepeye vardığımızda "sporcu" grupla tekrar karşılaştık, hepsi oturmuş yürüme süreleri üstüne heyecanla yorum yapıyor, anlaşılmaz hesaplarla uğraşıyordu. Bu kadar acele etmelerinin nedeni belli bir süreyi tutturmak istemeleriydi. Zamanı doğru değerlendirmek, tuhaf bir ifade... Manzarayı seyretmek için biraz durduktan sonra yavaş yavaş yola koyulduk; o sırada grup, değerlendirmelerine ve kıyaslamalarına hâlâ devam ediyordu.

Hızın zaman kazandırdığı bir yanılsamadır. Hesap ilk bakışta kolaydır: Yapacaklarını üç saat yerine iki saatte yapıp bir saat kazan. Fakat bu, günün her saati birbirine eşitmişçesine yapılan soyut bir hesaplamadır.

Bilakis zamanı hızlandıran acelecilik ve sürattir. Böylece zaman daha çabuk geçer ve iki saatlik bir telaş, günü kısaltır. Bölümlere ayrılmış her dakika lime lime olur, çatlayana kadar dolar. Bir saatin içine yığınla şey istiflersiniz.

Yavaş yavaş yürüdüğünüz günlerse çok uzundur. Daha uzun yaşamanızı sağlar, çünkü zamanı eklemlere eziyet ederek geçirmek yerine her saatin, her dakikanın, her saniyenin nefes almasına, derinleşmesine izin verirsiniz. Acele etmek birden fazla şeyi tek seferde ve çabucak yapmaktır: önce bu, sonra şu, ardından öteki. Acele ettiğinizde zaman türlü türlü şeyin hiçbir düzen olmadan tıkıştırıldığı bir çekmece gibi çatlayacak kadar dolar.

Yavaşlık saniyelerin, bozuk bir musluktan pıt pıt düşen su damlaları gibi teker teker, damla damla aktığı o noktada zamanla hemhal olmaktır. Zamanın esnemesi mekânı derinleştirir. Yürümenin sırlarından biridir bu: Manzaraya, onu her adımda biraz daha tanıdık kılan bir yavaşlıkla yaklaşmak. Tıpkı dostluğu derinleştiren düzenli görüşmeler gibi. Böylece gün boyu yanı başınızda duran, farklı saatlerde farklı ışıklar altında gözlemlediğiniz bir dağ silueti kendini bütün detaylarıyla size teslim eder. Yürürken hiçbir şey hareket etmez, sadece tepeler belli belirsiz yakınlaşır ve manzara değişir. Trende veya arabadayken bir dağın bize geldiğini görürüz. Göz atiktir, kıvraktır; her şeyi anladığını, kavradığını sanır. Yürürken hiçbir şey gerçekten yerinden oynamaz, daha ziyade mevcudiyet bedene yerleşir yavaşça. Yürürken aslında yakınlaştığımız yoktur, sadece şeyler bedene daha fazla nüfuz eder.

Bizi çevreleyen manzara tatlar, renkler, kokularla dolu bir kasedir, beden de onun içinde demlenir.

Kaçma Arzusu
Rimbaud

Bu mektuba bir yanıt adresi ekleyemiyorum,
zira bir sonraki durakta kendimi hangi yollardan, nereye,
niçin ve nasıl sürüklenmiş bulacağımı ben de bilmiyorum!

Arthur Rimbaud, Aden'den mektup, 5 Mayıs 1884.

Verlaine için "rüzgâr tabanlı adam"dı Rimbaud. Çok gençken kendi de, "Sadece bir yayayım ben," demişti. Hayatı boyunca yürüdü, bıkıp usanmadan, tutkuyla.

On beşinden on yedisine kadar büyük şehirlere ulaşmak için yürüdü: önce, kendini Parnasse çevrelerine kabul ettirip sevdirmek (şiirlerini okumak), kendisi gibi yapayalnız şairlerle tanışmak için ebedi umutlar şehri Paris'e; oradan da gazeteci olmak için Brüksel'e. Yirmisinden yirmi dördüne kadar birçok kez Güney'e gitmeyi denedi, kışın evine döndü. Seyahate hazırlandı. Akdeniz (Marsilya ve Cenova) ile Charleville arasında mekik dokudu. Güneşe doğru yürüdü. Yirmi beşinden ölümüne kadarsa çöl yollarını katetti. Bu sefer güneşin alnında; Aden'den Harar'a, defalarca...

Hadi gidelim! Yürümek, yük, çöl, can sıkıntısı ve sinir harbi.

•••

Şairler kentinin cazibesine kapılan ve Charleville'de kendini hem yalnız hem de işe yaramaz hisseden Rimbaud on beş yaşında aklında bir dolu naif düşle Paris'e doğru yola çıkar. Bir ağustos günü sabahın köründe kimseye haber vermeden yayan düşer yollara. Muhtemelen Givet'ye kadar yürüdükten sonra trene biner. Fakat kitaplarını satarak elde ettiği para (çok iyi bir öğrenci olduğu için değerli kitapları vardır) başkente giden yolun tamamını karşılamaya yetmez. Strasbourg garına vardığında polis de onu beklemektedir. Hırsızlık ve serserilik yapmaktan tutuklanıp doğruca karakola, oradan da Mazas hapishanesine götürülür. Yardımına retorik öğretmeni meşhur Georges Izambard koşar ve demiryolu şirketine yolculuğun eksik kalan miktarını ödeyerek öğrencisini kurtarır. Charleville'e giden tren hattı savaş nedeniyle kapalı olduğu için Rimbaud, hamisi Izambard'ın Douai'deki ailesinin yanına gider. Orada ablaları tarafından şımartılıp edebiyat konuşarak mutlu günler geçirir. Ama annesi onu çağırmaktadır.

Henüz bir ay geçmiştir ki Rimbaud birkaç kitap daha satıp tekrar kaçar. Fumay'e kadar trenle gider, oradan Meuse'e doğru köy köy (Vireux, Givet) yürüyerek devam edip Charleroi'ya varır.

> Sekiz gün boyunca çakıllı yollarda parçalamıştım botlarımı. Charleroi'ya giriyordum.

Çalışmak için *Charleroi Gazetesi*'ne başvurur ama reddedilir. Böylece Rimbaud hamisi Izambard'ı bulmak üzere –ya da bulabileceğini umarak– beş kuruş parası olmadan ve yine yürüyerek Brüksel'e yönelir.

> Gidiyordum, yumruklarım delik ceplerimde;
> Paltom bile hayaliydi artık;
> Göğün altında yürüyordum, İlham Perileri! Ve kul köleydim size;
> Ah tanrım, ne muhteşem aşklar düşledim!

Eller cepte, edebi zaferleri ve aşkı düşleyerek, neşeyle haykırarak elli kilometre yürür. Fakat Izambard orada değildir. Öğretmenin arkadaşı Durand ona geri dönmesi için gereken parayı verir. Rimbaud doğruca kendi evine değil, Douai'ye, yeni ailesinin yanına gider: "Benim ben, geri döndüm." Oraya vardığında, yollarda doğmuş –kaçışlar ve maceralarla gelen aydınlanmaların– patikaların ve sallanan kolların ritmiyle oluşmuş bir şiirle doludur içi. Mutluluğun ve kırsaldaki hanlarda geçen neşeli istirahatların şiiriyle. Aşılan yolların getirdiği tatmin, içi ferahlayan beden. Gençlik.

Mesut mu mesut, bacaklarımı masanın altına uzattım.

Sarı sonbahar tonları arasında günlerce süren yürüyüşler. Yol kenarlarında, yıldızlardan mürekkep ışıltılı bir çatının altında gülerek geçen geceler.

Evim Büyük Ayı'daydı.
– Gökteki yıldızlarım hafif hafif hışırdıyordu.

Rimbaud buluşlarını büyük beyaz kâğıtlara titizlikle aktarır. Yeni ailesinin gösterdiği yakınlık ve alakadan dolayı mutludur. On altı yaşındadır. 1 Kasım'da Rimbaud'nun annesi ("gölgenin ağzı"), "masraf çıkmasın" diye kendi gitmek yerine, polisi Izambard'a gönderip oğlunu derhal eve getirmesini buyurur.

Şubat 1871'de, Fransa-Prusya Savaşı sürerken, Rimbaud ilk kez bir hapishanenin duvarları ardında tanıştığı Paris'i düşlemektedir hâlâ. Charleville kışın pençesindedir. Arthur havalara girmiştir, saçlarını uzattıkça uzatır, anacaddeyi pipo tüttüre tüttüre gururla arşınlar. Ama çok geçmeden tekrar huysuzlanır ve gizliden gizliye sıradaki kaçış planını hazırlar. Bu sefer gümüş bir saat satarak kavuşur tren bileti için gereken paraya. Rimbaud 25 Şubat itibarıyla, kitapevlerinin vitrinlerine hayran hayran bakarak, şiirde ne yenilikler olduğunu merak ederek, kömür mavnalarında uyuyup artık yemeklerle beslenerek ve edebi çevrelerle bağlantı kurmanın yollarını bulmaya çalışarak Paris'te başıboş dolaşmaktadır. Ancak zaman edebiyat zamanı değildir; Prusyalılar yaklaştığından şehir karanlığa gömülmüştür. Cepleri gibi midesi de boş olan Rimbaud evine dönmek için düşman hatlarını yürüyerek geçer, ara sıra da köylülerin at arabaları yetişir imdadına. Eve "bir gece yarı çıplak ve ağır bir bronşite yakalanmış olarak" varır.

Baharda evden tekrar ayrılmış mıdır? Efsane mi, gerçek mi olduğunu bilmediğimiz bu muammayı hiçbir zaman çözemeyebiliriz. Şu var ki Rimbaud Paris Komünü'nden gelen haberlerle sarsılmış olmalıdır. Komünist oluşumdan çıkma bir yazar olan kendisi Charleville'deyken, Paris'te başkaldırıldığını bilmek onu muhtemelen kudurtmuştur. Çocukluğu dindar geçse de sonradan azılı bir cumhuriyetçiye ve kilise karşıtına dönüşmüştür. Kardeşlik ve özgürlük adına başlayan ayaklanmayla kendinden geçer. "Kurulu düzen yenildi." Komün Mart ayında ilan edilir. Rimbaud'nun Nisan'da Paris'te görüldüğü söylenir. Ancak bunun doğru olup olmadığını hiçbir zaman öğrenemeyeceğiz. Ernest Delahaye'e göre, Rimbaud milislere katılmış, Babylone Kışlası'nda keskin nişancı olarak görevlendirilmiştir. Hikâyenin bu kısmı on beş gün sürmüş olabilir. Paris'e kömür mavnasıyla gelip, sefil ve aç biilaç halde yürüyerek eve döndüğü rivayet edilir. Para olmayınca haliyle vaziyet budur.

Paris'e dördüncü kez (yoksa yalnızca üç müdür?) döner. Ancak bu sefer tam bir kutsanmadır bu yolculuk. 1871 sonbaharıdır, on yedisine daha yeni basmıştır. Bu kez annesini de haberdar eder: Gönderdiği şiirlerden büyülenen Verlaine tarafından Paris'e davet edilmiştir ("Gel, çabuk gel, *sevgili büyük ruh*"). İnsanlar onun için tren parası toplamıştır. Rimbaud bir teminat, bir armağan, bir kanıt olarak *Sarhoş Gemi*'sini de yanında götürür.

Malum olduğu üzere, bunu Verlaine'in Rimbaud'ya baktığı tutku dolu, fırtınalı bir ilişkiyle geçen üç uzun yıl izler: zütist[13] çılgınlıklar, Londra'ya birlikte yapılan üç ıstıraplı seyahat, sefil içki âlemleri, korkunç kavgaların ardından gelen heybetli barışmalar. Tüm bunlara nokta koyan, Brüksel'de Rimbaud'nun kolundan yaralandığı o vurulma hadisesidir. Verlaine hapse girer. Onu bu suçu işlemeye yönlendiren kurbanıysa birkaç sefer daha başlangıç noktasına dönecektir (Charleville veya Roche). Rimbaud her zamanki gibi can sıkıntısından patlamaktadır. Verlaine'le yaşadığı maceralar yüzünden edebiyat çevreleri onu dışlar. Paris'e adım attığı ilk andan itibaren pasaklı velet, serseri, iflah olmaz alkolik olarak nam salmıştır.

1875'te yirmi yaşındadır ve *Cehennemde Bir Mevsim*, *Illuminations* ve (belki) sonsuza dek kaybolmuş *Ruhani Av*'ı yazmıştır. *Cehennemde Bir Mevsim*'in yayımlanması üzücü bir felakettir. Yayıncıya ödeme yapamaz ve eline sadece birkaç nüsha geçer. *Illuminations*'un çıktığını göremez. Bu sokak çocuğu koca edebiyat âlemini beş yıl zarfında değiştirmiştir. Bundan sonra tek bir şiir dahi yazmayacaktır. Bir dolu kısa ve öz mektup dışında tek bir şiir yazmaz. Bıkıp usanmadan bol bol yürümektedir hâlâ.

Bu kez aklında uzaklara seyahat etmek vardır. Odasında oturup farklı farklı lisanlar çalışır. Almanca öğrenir, İtalyancaya başlar, İspanyolcaya göz atar, Yunanca-Rusça sözlüğünü

---

13. Önce 1871'te, sonra 1883'te dönemin şairleriyle, özellikle de Parnasçılarla dalga geçmek ve onları gülünç duruma düşürmek için bir araya gelen edebiyat çevresi ve onun parçası olan kişi. –çn

çalışır ve tabii Arapçanın temelini kapar. Beş yıl boyunca kışlarını öğrenerek geçirir, uzun yürüyüşleri ilkbaharlara saklar.

1875'te Stuttgart'tayken İtalya'ya geçmeye karar verir. İsviçre'yi önce trenle kateder ama kısa sürede parasız kalır. Yola yayan devam eder, Saint Gotthard geçidini aşar ve tükenmiş vaziyette Milano'ya varır. Orada gizemli bir kadın bakar ona. Yürüyerek Brindisi'ye ulaşmak ister ama Livorno-Siena yolunda güneş çarpması yüzünden iflahı kesilir. Marsilya'ya döner, oradan önce Paris'e, ardından da Charleville'e gider.

1876 yürüyüşlerden çok maceralarla geçer. Kafasını kazıdıktan sonra Rusya'ya gitmek üzere yola çıksa da yarı ölü halde bulunduğu Viyana'dan öteye geçemez; bir faytoncu tarafından dövülmüş ve kimliğini kaybetmiştir. Hollanda ordusuna yazılır ama Salatiga'da (Hollanda Doğu Hint Adaları, şimdiki Endonezya) ordudan kaçar.

1877'de Amerika kıtasına ulaşmak amacıyla Bremen'e doğru yola koyulur fakat Stockholm'de bir sirk gişesinde biletçi olur. Charleville'e döner.

1878'de Marsilya'dan Mısır'a giden bir gemiye binse de hasta düşünce memleketine gönderilir. Evine yürüyerek gider. Sonra İsviçre'ye doğru yola çıkar. Saint Gotthard üzerinden Cenova'ya yürür. Oradan da ustabaşı olarak çalışacağı Kıbrıs'a gitmek için gemiye biner. 1879 ilkbaharında hastalığı nükseder. Yine evine döner. Kışın ilk soğuklarıyla birlikte tekrar Marsilya'ya iner ama hastalığı yüzünden gerisin geri döner.

Hep aynı ağır döngüye kapılır Rimbaud: Kışın evde sıkılıp huzursuzlanır, sözlüklerden lisan öğrenir, zamanın geri kalanında da şansını dener.

1880'de yeniden Kıbrıs'a gitmek üzere yola çıkar. Oradan hızla ayrıldıktan sonra (gerçekten de bir işçiyi ağır yaralamış mıdır?) Kuzey'e dönüş yapmaz ve ilk defa daha Güney'e devam edip Kızıl Deniz'den Aden'e gider.

Yaşamının çöllerle dağlarda, Aden ile Harar arasında geçen on yıllık dönemi böylece başlar.

Aden fırın gibidir, sıcaklık kırk derece civarındadır. Kahvelerin seçilip ayıklanmasını denetleyen Rimbaud işverenlerinin takdirini kazanır. Yerel bir tüccar olan Alfred Bardey onun için Habeşistan'ın Harar şehrinde yeni bir şube açmayı düşünmektedir. Bin sekiz yüz metredeki bu yerin iklimi ılımandır. Teklifi kabul eden Rimbaud kervanını hazırlar.

Harar'a ulaşmak için önce sık bir ormanın, sonra çölün, en sonunda da ormanlarla dik geçitli dağların aşılacağı üç yüz küsur kilometrelik bir mesafeyi katetmek gerekmektedir. Atı olsa da Rimbaud çoğu zaman yürümek zorunda kalır. Kervan yavaştır; yolculuk iki hafta sürer.

Yeni şubenin patronu olarak ticaret yapar, ortama ve havaya alışır, sıkılır, kafa dağıtmak için keşif gezileri düzenler. Harar'da bir yıl kalıp Aden'e, sonra yeniden Harar'a, ardından tekrar Aden'e döner. Aynı meşakkatli yolda mekik dokur. Şubedeki mali çalkantıları toparlamak adına farklı işler dener ama hiçbiri faydalı olmaz. Hayata geçirdiği çılgın projeler ya derhal ya da kısa süre sonra çuvallar. Para biriktirmek istemiştir; hayatını düzene koyup huzur içinde yaşamak adına az bir para.

1885'te nihayet kendisine servet kazandırabilecek bir fikir bulur: Kervanıyla Şeva'ya sevk edeceği silah ve cephaneyi Kral Menelik'e satacaktır. Tüm birikimini bu işe yatırdıktan sonra Soleillet ve Labattur adında iki ortak bulur. Çok geçmeden ortakları ölür ama Rimbaud vazgeçmez. 1886 Eylül'ünde yollara düşer ("yol çok uzun, Ankober'e kadar yaklaşık iki aylık yürüyüş mesafesi..."). Rimbaud'nun yola çıkışına şahit olan Ugo Ferrandi şöyle yazar: "Kervanın önüne geçmişti, hep yayaydı (...) En kurak çölde elli günlük bir yolculuk." Tadjourah'la Ankober arasında, bazalt kayalarla kaplı uçsuz bucaksız, ölü bir çölden geçen ücra bir yoldur bu. Yer kavrulmaktadır. "Ayı çağrıştıran dehşetli, korkunç yollar"dır bunlar. Vardığında kralı bulamaz. Gezi mali bir felakete dönüşmüştür. Rimbaud tükenmiş, her şeyini kaybetmiştir. Harar'a dönüp küçük ticaret işlerine devam eder, ta ki dizi ağrımaya başlayıp davul gibi şişene kadar. Artık otuz altı yaşındadır.

•••

Arthur Rimbaud on beş yaşındayken çekici ve mesafeli mavi gözleriyle kırılgan bir çocuktu. Kaçışlarının sabahında, tan ağarırken, karanlık evinde çıt çıkarmadan kalkar ve kapıyı usulca kapatırdı ardından. Küçük solgun yolların gölgelerden yavaşça sıyrılmasını izlerken kalbi pır pır ederdi: "Hadi gidelim!"

Yürüyerek. Hep yürüyerek, "rakip tanımayan bacaklarıyla" yeryüzünün büyüklüğünü ölçerek...

Kim bilir kaç defa Charleville'den Charleroi'ya gitmiştir? Okulun kapalı olduğu o savaş aylarında Delahaye'le birlikte tütün almak için kim bilir kaç defa Belçika yoluna düşmüştür? O gittiğine değmeyen Paris'ten kim bilir kaç defa aç bilaç dönmüştür? Kim bilir kaç defa Marsilya veya İtalya'ya giden Güney yollarını aşındırmıştır? Nihayetinde kim bilir kaç defa çöllere vurmuştur kendini (Zeyla'dan Harar'a ve 1885 gezisinde)?

Her zaman, her defasında yürüyerek. "Sadece bir yayayım ben." Başka bir şey değil.

Yürümek ve ilerlemek için öfke gerekir. Rimbaud'da da her zaman bir coşku nidası, bir nevi öfkeli neşe mevcuttur.

> Hadi gidelim; şapka, palto, yumruklar ceplerde ve çıkıyoruz yola.

Tam yol ileri!
Hadi gidelim!

Ve yürürdü.

Öfke gerekir terk eylemek ve yürümek için. Dışarıdan gelen bir şey değildir bu. Enginliğin çağrısına kapılarak, bir gerçeklik vaadine ya da kışkırtan bir hazineye doğru yürümek değildir mevzubahis olan. Daha ziyade içeriden gelen bir öfkedir. *Burada* olmanın acısı, bir yerde durmanın, yaşarken gömülmenin, kalmanın imkânsızlığı hissedilir karın boşluğunda. "Sizin oralarda hava kötü," diye yazar Rimbaud Harar'ın dağlarından. "Sizin oralarda kışlar çok uzun, yağmurlar çok soğuk. Ama bizim buralarda, Habeşistan'da bu sefillik ve can sıkıntısı dayanılacak gibi değil, bu hareketsizlik usandırıyor insanı: Okuyacak hiçbir şey yok, konuşacak kimse yok, kazanacak bir şey yok."

Burası dayanılmaz. *Burada* bir gün daha kalınamaz. Burası "iğrenç".

Gitme zamanıdır, "Tam yol ileri!" Çıkılacak bütün yollar; güneşe, daha fazla ışığa çıkan bütün yollar güzeldir. Şüphesiz oralar da daha iyi değildir ama en azından buradan uzaktır. Oraya varmak için yol gerekir. "Yumruklarım delik ceplerimde." *Burası* olmayan tek yer gerçekten de sadece yollar, patikalar ve raylar üstündedir.

Nereye gidersek gidelim, hoşçakal burası...

Öfkenin, beyhudeliğin ifadesi olarak yürümek. Yola koyulmak, ayrılmak demektir: geride bırakmak. Yürüyerek yola çıktığınızda, diğer ulaşım yöntemlerindeki gibi ha deyince geri dönemezsiniz; yürümek geri dönüşü olmayan bir şeydir. Yola çıktığınızda hem kaygılı hem neşelisinizdir. Kaygılısınızdır çünkü bir şeyleri bırakıp gidiyorsunuzdur (geri dönmek başarısızlıktır; yürüyerek dönmek imkânsızdır, kısa bir yürüyüş yapıyorsanız başka tabii, ama uzun süre, günlerce yürüyorsanız mümkün değildir dönmek; yürümek ileri gitmek demektir; yol uzundur, geri dönmek zamanı heba etmektir ve zamanın şakası yoktur). Öte yandan geride bıraktıklarınız yüzünden neşelisinizdir; diğerleri kalırlar, oldukları yere mıhlanmış, sıkışmış olarak. Oysa bu neşe sizi başka yerlere taşır heyecanla.

Paris'e kaçışlar, Londra'da dolanmalar, Belçika'da gezintiler, Alpler'i katetmek, çöldeki yürüyüşler... Son olarak da Harar ve davul gibi şişen şu diz... 20 Şubat 1891'de, "An itibarıyla kötüye gidiyorum," diye yazar Rimbaud. Bacağındaki ağrı öyle şiddetlidir ki gözüne uyku girmez olmuştur. Istırap çekmeye alışık olduğundan çalışmayı, kendini meşgul etmeyi sürdürür. Didinip durur. Bacağı esnekliğini tamamen kaybedince, varını yoğunu satarak oradan ayrılmaya karar verir. 7 Nisan'da sabah altı sularında bir sedye üstünde ilelebet terk eder Harar'ı. Onu dönüşümlü olarak taşıyacak altı adam ayarlar. On bir gün süren inatçı bir ağrıya, hatta bir seferinde on altı saat boyunca yağan yağmura da dayanmak zorunda kalır: "Bana epey zarar verdi." On bir gün süren, sarsıla sarsıla taşındığı üç yüz küsur kilometrelik yol... o ki hızla yürümeyi nasıl da iyi bilirdi! Bitkin düşmüştür Rimbaud. "Dizim gözle görülür şekilde şişiyor, ağrısı durmadan şiddetleniyordu." Birkaç işini halletmek üzere verdiği kısa molanın ardından kendisini on bir günde Marsilya'ya götürecek *Amazone* adlı gemiye biner.

Conception Hastanesi'ne kaldırılır. "Kötüyüm, çok kötü." Bacağına acilen müdahale edilmesi gerekiyordur; bacağını dizin epey üstünden keserler. "Doktor ancak bir ay sonra yürümeye başlayabileceğimi söylüyor, o da anca yavaş yavaş." Yara güzelce iyileşir. "Tahta bacak ısmarladım. İki kilo çekiyor, sekiz güne hazır olacak. Onunla çok yavaşça yürümeyi deneyeceğim." Hareketsizlik Rimbaud'yu kudurtur. Annesi bir ara uğrar, sonra eve döner. "Şunu bunu yapmak, orada burada gezmek, görmek, yaşamak, basıp gitmek isterdim." Hastaneye daha fazla dayanamaz ve trenle Roche'taki ailesinin yanına dönmeye karar verir. Yirmi yıl sonra, başladığı yere geri dönmüştür. Kardeşi Isabelle, bu sabırsız ve öfkeli adama müthiş bir özveriyle bakar. Fakat Rimbaud'nun durumu kötüleşir; zar zor yemek yemekte, gözüne uyku girmemekte ve tüm bedenini ele geçiren bir ağrı çekmektedir. Bütün gün demleme haşhaş suyu içer.

Bir deri bir kemik kalmış, sonbahar yaprakları gibi solmuş olmasına rağmen yeniden yollara düşmeye karar verir. Son diriliştir bu. Kuzey'de yaz bile çok soğuk gelmektedir Rimbaud'ya. Marsilya'dan kalkan bir gemiye binip Cezayir ya da Aden'de inmektir planı. Uçurumun kıyısında olsa da yeniden yola çıkmak ve oradan ayrılmak ister. Sonunda başarır. "Tanrım, soğuk çökünce çayırlara." Doğru güneşe... 23 Ağustos'ta kız kardeşiyle birlikte trene biner. Evden at arabasına, arabadan trene, gardan gara bütün aktarmalar birer cehennem azabıdır. Marsilya'ya varır varmaz hastaneye kaldırılır. Seyahat başladığı gibi sona erer.

Kendisini karşılayan doktorların gözünde artık ölmeye yüz tutmuş biridir; birkaç hafta, en fazla birkaç ay ömür biçerler Rimbaud'ya. Burası son durağıdır, ama durumunu saklarlar ondan. Nihayet 3 Eylül'de eli titremeden bir not düşmeyi başarır: "Yapay bacağı bekliyorum. Gelir gelmez onu bana yollayın. Buradan çıkıp gitmeye can atıyorum." Yeniden yürüyebilmek için bacağını beklemektedir. Her gün yeni bacağından bahseder, "ayağa kalkmayı, yürümeyi" deneyebilsin diye bir an önce ona kavuşmak istiyordur. Acısı her geçen gün artar; o ise kendisini çağıran berrak mavi göğe baka baka ağlar yatağında. Kız kardeşine, "Ben toprağın altına gireceğim, sense güneşte yürüyeceksin!" diye sitem eder. Günbegün bedeni kaskatı kesilir, eklemlerini bükemez hale gelir: "Öylece yatan bir kütüğüm yalnızca." Dayanılmaz ağrıları dinsin diye neredeyse sürekli morfin almaktadır. Kasım'ın ilk günlerinde sayıklamaya başlar. *Buradaki* son haftası olacaktır bu.

Isabelle'in, Rimbaud'nun ölürken geçirdiği son dönüşümü gösteren anılarından[14] birini seçmek gerekseydi, ben tarif ettiği son sayıklamasını tercih ederdim. Rimbaud yatağına çakılmıştır, felç bedeninin üst kısmını ele geçirmektedir ve çok yakında kalbine dokunacaktır. Bir halüsinasyon içindedir: Yürüdüğünü, yeniden yollara düştüğünü görür. Harar'dadır ve Aden'e geçmesi gerekiyordur. "Hadi gidelim!" Bunu kim bilir kaç kere telaffuz etmiştir? Rimbaud kervanı toparlamak, develeri bulmak gerektiğini sayıklar. Protez bacağının tam bir başarı örneği olduğunu, "yeni eklemli bacağıyla kolayca" yürüdüğünü düşler. Koşuyor, yola çıkmak için deliriyordur. "Çabuk, çabuk olun! Bizi bekliyorlar! Valizleri kapatıp gidiyoruz." Son sözleri dökülür ağzından: "Çabuk olun! Bizi bekliyorlar!" O kadar çok uyumasına izin vermemeleri gerektiğinden yakınır, çünkü geç olmuştur. Çok geç olmuştur.

"Tanrım, soğuk çökünce çayırlara." Uzaklara gitmek, bir kez daha aileden ve anneden ("la Daromphe"[15]) kaçmak, Ardenler'in soğuğundan, karanlık ormanlarda uğuldayan buz gibi rüzgârdan uzaklaşmak; hüzün ve can sıkıntısından, kapalı havadan, siyaha çalan günlerden, gri mi gri gökyüzündeki kapkara kargalardan, kışın iğrenç sefaletinden, otu-

14. Isabelle Rimbaud, *Reliques*, Mercure de France, Paris, 1922.
15. Rimbaud annesinin boğuculuğuna ithafen Fransızcada "yaşlı kadın, anne" anlamlarına gelen *daronne* ile "utku, zafer" anlamlarına gelen *triomphe* kelimelerini birleştirerek dil oyunu yapmış. –çn

rup kalmışların aşağılık budalalığından kaçıp kurtulmak... "Mayısın çalıbülbüllerini geride bırakarak."

Yürümek. Bana göre, Rimbaud için yürümek bir kaçıştı. Yürürken yakalanan, bir şeyleri geride bırakmanın verdiği o daimi memnuniyet hali. Yürürken geri dönmek söz konusu değildir. Çekip gitmiş, yola çıkmışsınızdır, işte o kadar. Yorgunluğun, tükenmişliğin, kendinizi ve dünyayı unutmuş olmanın muazzam keyfini hissedersiniz akabinde. Eskiden anlattıklarınız, bütün o bıkkın homurdanmalarınız adımlarınızın sesiyle bastırılır. Her şeyi bastırır yorgunluk. Niçin yürüdüğünüzün hep farkındasınızdır: ilerlemek, yola çıkmak, ulaşmak, tekrar yola çıkmak!

Hadi gidelim, tam yol ileri!
Sadece bir yayayım ben.

Rimbaud 10 Kasım 1891'de, henüz otuz yedi yaşındayken ölür. Conception Hastanesi'nin ölüm kayıtlarında şöyle yazar: "Charleville'de doğmuştu, Marsilya'dan geçiyordu."

Geçiyordu. Oraya sırf tekrar yola çıkmak için gelmişti.

Yalnızlıklar

Yürüyüşten hakkıyla keyif alabilmek için yalnız olmak gerekir. İki kişi bile olsa yürüyüşe grup halinde çıktıysanız, buna sadece lafta yürüyüş denir, esasında pikniğe çıkmışsınızdır. Yürüyüşe yalnız çıkılmalıdır, çünkü yürürken özgürlük elzemdir, çünkü keyfinize göre durabilmeli, devam edebilmeli, istediğiniz yola sapabilmelisinizdir, çünkü ritminizi bizzat kendiniz belirleyebilmelisinizdir.

Robert Louis Stevenson, *Virginibus Puerisque and Other Essays*

İnsan gerçekten yalnız mı yürümelidir? Böyle düşünenler sadece Nietzsche, Thoreau, Rousseau değildir.

Birlikte yürürken adımlar çarpışır, aksar, yanlış hızda gider. Yürürken öncelikle temel ritminizi bulmanız, onu korumanız lazımdır. Doğru temel ritim size uygun olan, sizi yormayan ve tükenmeden on saatten fazla yürümenize olanak veren ritimdir. Ancak bu ritim çok şaşmazdır. Bir başkasının ritmini yakalamak, yani normalden daha hızlı ya da yavaş yürümek zorunda kaldığınızda bedeniniz bu adımları gerektiği gibi takip edemez.

Yine de mutlak yalnızlık şart değildir. Yanınızda üç-dört kişi olabilir, bu şekilde konuşmadan ilerleyebilirsiniz. Herkes kendi adımına, hızına bakar, arada kısa mesafeler oluşur ve en öndeki zaman zaman durup arkasına dönerek, “Her şey yolunda mı?” diye sorar kendi soyutlanmışlığını koruyarak; düşünmeden, hatta neredeyse kayıtsızca. Bir el işaretiyle cevap verilir ona. Diğerleri elleri kalçalarında en arkadakini beklerler; sonra tekrar yola çıkılır ve bir bakmışsınız ki sıra değişmiş. Ritimler değişir, birbiriyle kesişir. Çünkü kendi temponuzda yürümek, hep aynı düzende yürümek anlamına gelmez; beden makine değildir. Ara ara kendini gevşetir ya da keyif anları yaratır. Dolayısıyla üç-dört kişilik yürüyüşler bu paylaşılan yalnızlık anlarına imkân tanır. Çünkü yalnızlık da tıpkı ekmek ve günışığı gibi paylaşılır.

Dört kişiden fazlası bir araya geldi mi bir koloni, yürüyen bir ordu çıkar ortaya. Bağrışmalar, uğultular, bir onun bir bunun yanına geçmeler, birbirini beklemeler, bir adım sonra klana dönüşecek gruplaşmalar... Herkes araç gereçleriyle övünür. Yemek zamanlarında bir şeyler tattırılmak istenir, güzel sürprizler yapılır, herkes kendi yemeğiyle öne çıkmak ister. Tam bir cehennem azabı! Basit, sade hiçbir şey yoktur artık; dağlara nakil olmuş bir toplum parçası vardır. Mukayeseye başlanır. Yalnızlığı dört kişiden fazlasıyla paylaşmak mümkün değildir.

Hal böyleyken en iyisi tek başına yürümektir, tabii ki insan hiçbir zaman tamamen yalnız değildir. Thoreau'nun söylediği gibi, "Özellikle kimselerin uğramadığı sabah saatlerinde evde bana eşlik eden pek çok arkadaşım olur"[16] (ağaçlar, güneş, çakıl taşları...). Aslında bizi yalnızlığa sürükleyen çoğunlukla başkasıyla karşılaşmaktır. Sohbet kendinden ve farklılıklarından bahsetmeye götürür kişiyi. Ve bu başkası bizi, tarihimiz ve kimliğimiz içindeki, bencil ve yalanlar söyleyen özümüze taşır yavaş yavaş. Sanki hep öyleymişiz gibi...

Doğaya dalıp gitmek dikkatinizi dağıtır. Her şey sizinle konuşur, sizi selamlar, sizden ilgi ister: ağaçlar, çiçekler, yolların

16. Henry David Thoreau, *Walden (Or Life in the Woods)*, Wilder Publications, Radford, VA, 2008. [Türkçesi: *Walden – Ormanda Yaşam*, çev. Aykut Örküp, Zeplin Kitap, İstanbul, 2014.]

rengi. Rüzgârın iniltisi, böceklerin vızıltısı, derelerin çağıltısı, adımlarınızın sesi... hepsi varlığınıza yanıt veren mırıltılardır. Yağmur da öyle. İnce, yumuşak bir yağmur şaşmaz bir refakatçi; rengini, ahengini, eslerini dinlediğiniz bir mırıltıdır: taşa düşen damlaların o kendine has şıpırtısı, hızı değişmeyen yağmurun ezgilerle örülmüş uzun sicimleri. Tefekkürün mutlak kavrayışıyla bize sunulan onca şeye şahitlik ederek yürürken yalnız kalmak mümkün değildir. Bir gayret kayanın tepesine tırmandıktan sonra oturup manzarayı seyre daldığımızda yaşadığımız sarhoşluk. O araziler, evler, ormanlar, patikalar, hepsi bizimdir, bizim içindir. Yükselerek onların efendisi kılarız kendimizi, geriye bu hâkimiyetin tadını çıkarmak kalır sadece. Dünyaya sahip olunca kim yalnız hissedebilir ki kendini? Görmek, egemen olmak, bakmak sahip olmak demektir. Hem de mülkiyetin külfetleri olmadan; dünyanın manzarasından âdeta çalarak faydalanırız. Ama tam olarak çalmak da değildir bu, çünkü tırmanmak emek sarf etmeyi gerektirir. Gördüğüm, görebildiğim her şey bana aittir. Ne kadar uzağı görüyorsam, o kadar çoğuna sahibim. Yalnız değilim: Dünya bana ait; benim için ve benimle var.

Bilge bir gezgin hakkında bir hikâye vardır. Bilge karanlık ve fırtınalı bir havada, dibinde olgun buğdaylarla kaplı küçük bir tarla olan büyük bir vadiden aşağı yürüyormuş. Yabani otların arasında ve karanlık göğün altında, rüzgârın usulca dalgalandırdığı kare şeklinde bir parıltı oluşturuyormuş tarla. Gezgin ağır adımlarla yürürken bu güzel görüntünün tadını çıkarıyormuş. Çok geçmeden, yorucu bir günün ardından başı önde evine dönen bir çiftçiyle karşılaşmış ve adamı durdurup kolunu sıkarak içten bir sesle, "Teşekkür ederim," demiş. Çiftçi hafifçe irkilip, "Sana verecek hiçbir şeyim yok zavallı adam," diye karşılık vermiş. Bunun üstüne yaşlı gezgin yumuşak bir sesle, "Bir şeyler verdirtmek için teşekkür etmedim sana, zaten her şeyi vermiş olduğun için teşekkür ettim. Şu buğday tarlasıyla çocuğun gibi ilgilenmişsin, o da senin emeğinle kavuşmuş bugünkü güzelliğine. Şimdiyse sadece bir buğday tanesi ne kadar eder, ona bakıyorsun. Bense yürürken yol boyunca beslendim o tarlanın altın sarısıyla," diyerek tebessüm etmiş. Çiftçi arkasını dönüp başını iki yana sallayarak, deliler hakkında söylenerek yoluna devam etmiş.

Yalnız değilizdir işte, çünkü yürürken çevremizdeki ağaçların, çiçeklerin, canlı her şeyin yakınlığını, sevgisini kazanırız. Bazen bu yüzden, sırf *ziyaret etmek* için çıkarız yürümeye, o yeşil açıklıkları, o ağaç topluluklarını, o mora çalan vadileri ziyaret etmek için. Birkaç gün, hafta ya da yıl sonra, "Epey oldu orayı görmeyeli. Beni bekliyordur, tabana kuvvet gideyim o zaman!" deriz kendimize. Sonra yol, toprağa basma hissi, tepelerin şekli, ağaçların yüksekliği buluşuverir yavaşça: Tanıdıklarınızdır bunlar.

Ve son olarak, yürürken hiçbir zaman yalnız değilizdir çünkü yürüdüğümüzde çok geçmeden iki kişi oluruz, özellikle de uzun süre yürüdükten sonra. Demek istediğim, tek başımıza da olsak, bedenimizle ruhumuz arasında bir diyalog vardır her zaman. Eğer yürüyüş düzgün ve sürekliyse kendimi teşvik eder, metheder, kutlarım: Aferin beni taşıyan bacaklarıma... bir atın boynunu sıvazlar gibi kendi uyluklarımı sıvazlarım. Uzun süredir güç harcadığında, zorlandığı anlarda bedene destek olmak için oradayım ben: Hadi, devam et, tabii ki yapabilirsin. Yürürken çok geçmeden iki kişi olurum. Bedenim ve ben: bir çift, eski bir hikâye. Ruh gerçekten de bedenin tanığıdır, faal ve tetikte bir tanık. Bedenin ritmini izlemesi, sarf ettiği güce eşlik etmesi gerekir. Dik yokuşlarda bacaklarımıza yüklendiğimizde bedenin ağırlığını hemen dizlerimizde hissederiz. İtekleriz onu ve ruh her adımda, "Güzel, güzel, güzel," diye araya girer. Ruh bedenin gururudur. Yürürken kendime eşlik ederim, iki kişi olurum. Hep yeniden başlayan bu sohbet bütün gün sürebilir, hem de usandırmadan. Bu paylaşımı yapmadan yürüyemeyiz, ilerlediğimizi bu sayede hissederiz. Yürürken hep kendimi gözlemler, kendimi cesaretlendiririm.

Dört bir yanı kayaların çevrelediği, uçurumların tepenizden baktığı, bitki örtüsünden eser olmayan çok yükseklerde, kaya döküntüsü ve çakıl kaplı zorlu yollarda elbette zaman zaman biraz umutsuzluğa kapıldığınız, kendinizi fazlasıyla yalıtılmış, deyim yerindeyse dışlanmış hissettiğiniz olur. Kara bulutların birazcık alçalması bile bu duyguları hızla dayanılmaz, baş edilemez kılmaya yeter. Boğazınız düğümlenir, zorlu patikaları yüreğiniz ağzınızda aceleyle inersiniz. Devasa kayaların ezici sessizliği altında bu şekilde tek başına uzun süre yürümek imkânsızdır; adımlarınız inanılmaz bir şiddetle yankılanır. Nefes alan, hareket eden bedeniniz bir ucube; soğuk, mağrur, kusursuz, ebedi cevherdeki yaşamın reddettiği bir lekedir. Aynı şekilde, kuş uçmaz kervan geçmez bir yerde, yağmur ve sisten göz gözü görmüyor, bedeniniz soğuktan donuyorken de uzun süre yalnız yürüyemezsiniz.

Sessizlikler

Sessizlik, ekseriyetle, karşılaştığım insanlardan
daha fazla şey öğretiyor bana.
Henry David Thoreau, *The Journal (1837–1861)*

Yalnızlıklar nasıl muhtelifse, sessizlikler de muhteliftir.

İnsan sessizlikte yürür hep. Sokakları, kalabalık yolları, kamusal alanları (bütün o hız, itişip kakışmalar, yaygara, binlerce adımın patırtısı, sözcüklerin, bağırışların ve mırıltıların gürültüsü, motorların kulak tırmalayan gümbürtüsü) terk ettiğiniz anda sessizlik her şeyi şeffaflaştırır. Her şey sakin, tetikte ve istirahat halindedir. Dünyanın dırdırı, uğultusu, homurtusu ardınızdadır artık. Yürürken ilkin kulaklarda muazzam bir soluk olarak belli eder kendini sessizlik; bulutları dağıtan ferah bir rüzgâr gibi algılarsınız onu.

Mesela ormanların sessizliği farklıdır. Ağaç kümeleri etrafımızda hareketli, değişken duvarlar oluşturur. Çoktandır var olan yollarda, yılankavi dar toprak şeritlerinde yürürüz. Yön duygumuzu çabucak yitiririz. Buralarda ürkek ve tedirgindir sessizlik.

Yazın öğleden sonra inatçı güneşin alnında dağların sarp kayalıklarında, taşlık patikalarda yapılan zor yürüyüşlerin sessizliği vardır bir de. Çevreyle irtibatınızı kesen, sizi ezip geçen, taş misali sessizlik... Ayaklarınızın altında ezilen taşların hafif gıcırtısını duyarsınız yalnızca. Hepten yok oluş gibi merhametsiz ve kesin sessizlik... Oraya ait değilmişçesine duran bir mavilikteddir gökyüzü. Başınız önde, ara sıra kendinizi teskin etmek için mırıldanarak ilerlersiniz. Açık gökyüzü ve kireçtaşından kayalar aynı şeyi vurgular: Hiçbir şey önüne geçemez sessizliğin. Bu kıpırtısızlığın içinde âdeta vücut bulan sessizlik bir yay gibi gerildikçe gerilir.

Seher vakti sessizliği vardır sonra. Sonbaharda uzun mesafe yürüyüşleri için yola çok erken çıkmak gerekir. Dışarısı olduğu gibi mora çalar, sarı ve kırmızı yaprakların arasından loş bir ışık süzülür. Her şeye gebedir bu sessizlik. Mavi gecenin belli belirsiz izlerini taşıyan karanlık ağaçların arasında aheste aheste yürürsünüz. Onları uyandırmaktan korkarsınız âdeta. Her şey fısıldar.

Karda yapılan yürüyüşlerin sessizliği vardır, beyaz göğün altında boğulan adım sesleri. Dal kıpırdamaz. Her şey, hatta zaman bile buz tutmuş, sessizlikte felç olmuştur. Her şey durmuş, bütünleşmiş, katmerlenmiştir. Bir paragrafta tırnak içine alınmış gibi, askıda, temiz, öz, tepeden bakan bir sessizlik.

Nihayet gecelerin emsalsiz sessizliği vardır. Kalacağınız yere daha çok varken, gece bir anda bastırınca yıldızların altında uyumanız gerektiğinde, çarçabuk ısınıp yemek yiyeceğiniz iyi bir nokta bulur, sonra da hızla uykuya dalarsınız. Fakat uykuya daldıktan birkaç saat sonra, gecenin köründe uyanıverdiğiniz bir an olur hep. Gözleriniz sessizliğin derinliğine yakalanmış gibi birdenbire açılıverir. Kıpırdanmalarınız, uyku tulumunuzun hışırtısı bile muazzam bir gürültü çıkarır. Peki nedir sizi uyandıran? Bizzat sessizliğin sesi mi?

Robert Louis Stevenson *Travels with a Donkey in the Cévennes*'in [Eşek Sırtında Cévennes Yolculuğu] "A Night Among the Pines" [Çamlar Arasında Bir Gece] başlıklı bölümünde, gece iki civarında ansızın uyanır ve bu hadisenin dışarıda uyuyan bütün canlı varlıkları etkilediğini görür. Ona göre küçük bir kozmik gizemdir bu: Toprağın bedenlerimizin içinden geçen ürpertisi midir? Gecenin hız kazandığı bir an mıdır? Yıldızlardan gelen görünmez bir çiy midir? Cevap ne olursa olsun, baş döndürücüdür bu an; sessizliği müzik gibi işitiriz, veya daha ziyade başımızı kaldırdığımızda yıldızların şarkısını gayet net duyarız.

Yürürken "sessizlik" dediğimiz şey, gevezeliğin, kulaklarımıza perde indiren, her şeyi birbirine katan ve bilincimizin engin düzlüklerini ayrıkotu misali istila eden daimi gürültünün kesilmesidir öncelikle. Gevezelik sağır eder insanı: Her şeyi saçma kılar, sizi serseme çevirir, pusulanızı şaşırtır. Gevezelik her zaman her yerdedir, dört bir yanı basar, dört bir yana yayılır.

Ama en çok da dilimizin çarçur edilişidir gevezelik. Bu çalışma, dinlenme, hareket, yeniden üretim ve tüketim dünyasındaki her şey ama her şey bir işleve, yere, yarara ve ona karşılık gelen belli bir kelimeye sahiptir. Aynı şekilde, dilbilgimiz de eylem sıralamalarımızı, bir şeyleri kavramak için sarf ettiğimiz çabaları ve koşuşturmalarımızı yeniden üretir. Her zaman yapar, üretir, durmadan meşgul ederiz kendimizi. Dilimiz imal edilmiş şeylerin, öngörülebilir jestlerin, normalleştirilmiş davranışların, kabul edilmiş tavırların kurallarına uydurulmaktadır. Birbirine uyarlanmış yapıntılar: Dil dünyanın gündelik inşasına yakalanmıştır, bu inşaya iştirak eder; tıpkı çizelgeler, sayılar, listeler gibi dil de sıralamalara tabidir – düzen, emir, sentez, karar, rapor, kod. Dil bir talimatname, bir fiyat listesidir. Yürümenin sessizliğinde, yürümekten başka bir şey yapmadığınız için kelimeleri kullanmayı bıraktığınızda (bu noktada yürümeyi –girinti ve çıkıntılar, taş çeşitleri, yamaçların biçimleri, bitkilerin isimleri ve faydalarına ilişkin– adlandırmalar ve açıklamalarla yeniden kodlayan, detaylandıran, vurgulayan; gördüğümüz her şeyin bir adı, duyumsanan her şeyin bir grameri olduğu algısını yaratan gezi rehberlerinden sakınmak gerekir), o sessizlikte daha iyi işitirsiniz, çünkü yeniden anlamlandırılmayı, yeniden kodlanmayı, yeniden biçimlendirilmeyi beklemeyen, kelimelere dökülemeyecek bu şeyi duyabiliyorsunuzdur nihayet.

Konuşmadan evvel görmelidir insan.[17]

Öyleyse yürüyene kalan yegâne sözcükler mırıldanmalardır; ağızdan öylesine çıkan ("hadi, hadi, hadi", "işte böyle", "tamam", "işte, işte"), hızla solan vazo çiçekleri gibi gelip geçici, sessizliğin altını çizmek dışında hiçbir önemi olmayan titreşimlerden müteşekkil, yürüyenin sırf kendi sesini duymak adına sarf ettiği sözcükler.

17. Henry David Thoreau, *The Journal of Henry David Thoreau (1837–1861)*, NYRB Classics, New York, 2009.

Yürüyenin Gündüz Düşleri
Rousseau

Rousseau sadece *yürürken* gerçek anlamda düşünebildiğini, aklını toparlayabildiğini, yaratabildiğini ve esin bulabildiğini söyler. Bir masa ve sandalye görmek bile midesini bulandırıp cesaretini kırmaya yeter. Fikirler uzun gezintiler esnasında gelir aklına, cümleler yoldayken sıçrar dudaklarına, patikalar harekete geçirir hayal gücünü.

> Yürümeden hiçbir şey yapmam, benim çalışma odam kırlardır. Masa, kâğıtlar ve kitaplardan oluşan bir manzara beni daraltır. Çalışma araç gereçleri bezginlik verir bana, yazı yazmak için masaya oturursam yazacak bir şey bulamam ve bir düşüncem olması gereği de beni tamamen düşüncesiz bırakır.[18]

Rousseau'nun yapıtlarında üç farklı yürüyüşe rastlanır: şafak, öğle ve akşamüstü yürüyüşleri.

On altısından on dokuzuna kadar yürür; coşku dolu, hevesli uzun seyahatlerdir bunlar. Sonrasında yirmi yıl boyunca sadece üstü açık faytonlarda yolculuk yapıp şevkle şan şöhret arayan, kendi deyimiyle, bir "Bey" olacaktır.

18. Jean-Jacques Rousseau, "Mon portrait", *Revue Rétrospective*, V. Cilt, Paris, 1834.

> Sadece gençlik günlerimde yürüyerek seyahat ettim ve bundan da büyük zevk duydum. Çok geçmeden vazifeler, işler ve taşınacak yükler beni beyefendilik yapmaya ve arabalara binmeye mecbur bıraktı; içimi kemiren kaygılar, üzüntüler ve sıkıntılar da o arabalara benimle bindi. O zamandan beri, önceki seyahatlerimde duyduğum o yol gitme zevki yerine, gideceğim yere bir an evvel ulaşma ihtiyacı duyuyorum sadece.[19]

Yıllarca süren bu maskeli balonun, yorucu oyunun ardından ilk kırılmayı kırk yaşında yaşar Rousseau. Orman yollarında veya göl kıyısındaki patikalarda meditasyon amaçlı uzun yürüyüşlere çıkmaya başlar yeniden. Yabanileşip kendini soyutlar.

Sonra bir nevi kanun kaçağına dönüşür; her yerden kovulur, en sakıncalı adam olur, Paris ve Cenevre'de mahkûm edilir. Meydanlarda kitapları yakılır, hapisle tehdit edilir. Moutiers'de taş yağmuruna tutulur. Kaçar, orada burada başıboş dolaşır, onu koruyanlardan şüphe eder. Zamanın getirdiği boşvermişlikle düşmanlıklar azalıp meseleler kapandığında, son yürüyüşler, akşamüstü kurulan *düşler* başlayacaktır. Rousseau artık ihtiyarlamıştır ama hâlâ en çok sevdiği şey günlerini uzun yürüyüşlerle doldurmaktır. Hatırlamak dışında ne yapacak ne de inanacak bir şey kalmadığında, yürümek, bütün umutlardan ırak ve beklentilerle zehirlenmemiş mevcudiyetin o mutlak yalınlığına dönebilmeyi sağlar.

•••

19. Jean-Jacques Rousseau, *Les Confessions*, Cilt II, Gallimard, Paris, 1973. [Türkçesi: *İtiraflar I*, çev. Reşat Nuri Güntekin, MEB Yayınları, İstanbul, 1991.]

Rousseau'nun *İtiraflar*'da yazdığına göre, ilk yürüyüşler güneşin altında yapılan mutlu ve ehemmiyetli uzun yolculuklardır. Hem parasızlık hem de mizacı yüzünden yürüyerek katettiği uçsuz bucaksız mesafeler: Annecy'den Torino'ya, Solothurn'dan Paris'e, sonra Paris'ten Lyon'a ve sonunda Lyon'dan Chambéry'ye.

Rousseau henüz on altı yaşındayken, Mart 1728'de bir akşam yaptığı kaçamaktan döndüğünde Cenevre'nin kapılarını kapalı bulur. Bunun üstüne, yiyeceği tokatların korkusuyla ertesi gün gravür atölyesindeki işine dönmeme kararı alır. Ancak geçinebilmesi de lazımdır, böylece çok uzakta olmayan Savoie'daki bir Katolik papazın yanına sığınır. Papaz genç Rousseau'yu yedirip içirdikten ve Kalvinist doğduğu için iyice bir payladıktan sonra, ona gerçek din yolunu öğretecek, onu koruyup kollayacak sofu bir kadının yanına, Annecy'e gönderir. Genç adam Annecy yolundayken, kendini mürebbiyesinin yaşlı bir kadın çıkacağına şartlar.

Oraya vardığında farklı bir şeyle karşılaşır, mürebbiyesi yirmi sekiz yaşındadır (yumuşacık bakışlar, meleklere has bir ağız ve latif mi latif kollar). Madam Warens'tır bu. Rousseau kadının sureti karşısında aşk ve tutkuyla titrer. Aşkla tanışmıştır: Yardımsever ve cömerttir, âdeta bir tatlılık meleğidir o. Henüz tanışmışlardır, ama ne yazık ki kadının gönlünü hoş etmek için oradan ayrılmak zorundadır. Madam Warens onu dinini değiştirmesi, Protestanlıktan dönmesi için Torino'ya gönderir. Bay Sabran ve epey ağır yürüyen eşiyle birlikte düşer yollara. Dağlardaki kar hâlâ kalkmadığı için yolculuk yirmi gün sürer. Fakat nihayet Mont-Cenis üzerinden Alpler'i aşarlar; kendilerini Hannibal gibi, dinç ve her şeye kadir hissederler.

> Kendime dair hiçbir endişem kalmamıştı; bu vazifeyi başkaları üstlenmişti. Bu yükten azat, hafif adımlarla yürü-

yordum. Ruhum genç arzular, büyülü umutlar, parlak ikbal planlarıyla dolup taşıyordu.[20]

Torino'da yaşadığı olaylı haftanın ardından Katolik olan Rousseau, uşaklık yapmayı denedikten sonra bir yıl geçmeden hamisinin yanına döner. Yolculuk tesadüfen yolunun kesiştiği yeni bir yoldaşla (Bâcle), tasasızlığın verdiği neşeli ruh hali içinde yürüyerek yapılır yine. Üçüncü yolculuk bir dolu beklenmedik olay ve tuhaf maceradan sonra 1731'de gerçekleşir. Rousseau İsviçre Solothurn'dadır ve iyi niyetli kimseler onu Paris'e, kendisine asker olarak yetiştireceği bir yeğen arayan (ona öyle gelmiştir) bir emekli albayla tanışmaya gönderir. Rahat iki hafta yürümüş, yol boyunca da hemen general olmayı, muhteşem orduları zaferlere taşımayı düşlemiştir. Ama yaşlı albay onu sömüren cimrinin, paragözün teki çıkar. Rousseau kaçar ve Lyon'a, oradan da nihayet "Anneciğine" kavuşacağı Chambéry'ye uzanan yolu yürür. Yayan yaptığı son büyük yolculuğudur bu.

Bu uzun yolculuklar boyunca, ardında bıraktığı Madam Warens'ı –masmavi gözlerini, zarif boynuyla sinesini, sütbeyaz kollarını– düşler hep; yol kenarındaki hanlarda onun hayaletleri ve benzerleriyle karşılaştığını tasavvur eder. Dönemeçlerini takip etmenin yeterli olduğu, nereye varacağı belli olan yollarda çıkılan uzun, kolay yürüyüşlerde binlerce şey tasarlar, binlerce hikâye uydurur insan. Beden ölçülü adımlarla yavaşça ilerler ve bu telaşsızlık sayesinde zihin izne çıkar. Bedenin otomatik işleyişi sayesinde tatile çıkan zihin art arda fanteziler kurup kendini bir hikâye labirentinin içine atar. Ve mutlu bacakların hafif salınmaları yaratılan hikâyenin ilerlemesini sağlar: Düğümler ortaya çıkar, çözümleri bulunur, yeni

20. Age.

tuzaklar belirir. O eşsiz büyük yolu izlerken zihnin içinde bin yol daha çatallanır. Kalp bunlardan birini alıp diğerini bırakır, sonra bir üçüncüsünü seçer. Kafesinden çıkar gider, sonra yerine geri gelir.

> Gençtim, sıhhatim yerindeydi; yeteri kadar param ve bir dolu umudum vardı; yürüyerek geziyor, yalnız yürüyordum. Mizacımı şimdiye dek az çok anlamamış olsaydınız, bu işi faydalı addetmem sizi hayrete düşürebilirdi. Tatlı kuruntularım yol arkadaşı oldu bana ve hayal gücümün ateşinden daha önce hiç böyle muhteşem düşünceler doğmamıştı. Bir arabada boş yer teklif ettiklerinde ya da yolda yanıma biri yanaştığında, yürürken kurduğum ikbal mabedinin tepe taklak olacağı endişesiyle yüzümü buruşturdum.[21]

Sevmek hâlâ bütün varlığınızla arzuladığınız gelecekte açacak bir çiçek olduğundan, sevmeyi "-di'li geçmiş zamanlarda" telaffuz edemediğiniz o yaşlarda, adımlarınız hafiftir: Yolun sonunda o büyük aşk vardır. Derken Alpler'i geçer Rousseau. Dağ sırtlarında açılan manzaralar, görkemli zirveler en çılgın tutkuları tasdik eder sanki. Bir sonraki handa neyle karşılaşılacaktır? Orada kimler akşam yemeği yiyor olacaktır? Her şey sıradışı karşılaşmalar için bir fırsat olabilir, *olmalıdır*: yüreği pek arkadaşlar, esrarengiz kadınlar, belalı tipler, dişli düzenbazlar. Yaklaştığınız her küçük köyde, çiftlikte, büyük evde her şey gelebilir başınıza. Akşam olup da karnınızı doyurmanız gerektiğinde, ev sahibesi umduğunuz kadar güzel, hancı da cana yakın olmasa bile, güçlükle de olsa şunu fark edersiniz: Rüzgârın kazıdığı karnınızı doyurmak dahi başlı

21. Age.

başına memnuniyet sebebidir. Sonra başka rüyalara dalmak üzere birkaç saniye içinde uyursunuz. Bu ilk yürüyüş son derece güzel ve tatlıdır. On altı yahut yirmi yaşındayken bu hafif umutlardan başka yükünüz yoktur. Anıların ağırlığı altında ezilmiyorsunuzdur. Her şey mümkündür hâlâ. İçinizde arzuların şekillendiğini hisseder, bütün olasılıklardan keyiflenirsiniz. Mutlu gün doğumlarının, yaşamın ışıl ışıl sabahlarının yürüyüşüdür bu.

> Hiçbir zaman yalnız ve yürüyerek yaptığım seyahatlerdeki kadar düşünmedim, var olmadım, yaşamadım, kendim olmadım [...] Bütün doğaya efendisiymişim gibi hükmediyorum; manzaralar arasında aylak aylak dolaşan yüreğim, çarpmasına vesile olanlarla birleşip özdeşleşiyor, büyüleyici hayallere sarmalıyor kendini, nefis duygularla sarhoş oluyor.[22]

•••

Rousseau artık kırkını devirmiştir. Bir dolu şey yapmıştır çoktan: Viyana'da elçilik katipliği, müzik öğretmenliği, ansiklopedi yazarlığı... Kendine hem dost hem düşman edinmiş, bir ün yapmış, ismi sıkça anılır olmuştur. Dolaplar çevirmiş, yazmış, icat etmiş, şan şöhretin peşinden gitmiştir. Ama ansızın insanların arasına karışmamaya, kültürlü ve seçkin çevrelerle takılmamaya, artık onu tatmin etmeyen ve heyecanlandırmayan başarıları kovalamamaya karar verir. Peruk takmayı ve şık kıyafetler giymeyi bırakır, entelektüel toplantılardan kaçar, şöhretli makamları terk eyler. Akabinde yoksul bir adam gibi giyinip, geçinmek için nota yazmaya başlar. Zira sıklıkla dile getirdiği üzere, tek isteği sadece kendine tabi olmaktır.

---

22. Age.

Rousseau'dan "Yeni Diogenes" diye bahsedilmeye başlanır: Aydınlanma'nın "hırçın adamı"dır. Fakat kesip atmamıştır her şeyi. Tam o zamanlarda kral, Rousseau'nun müziğiyle tanışır ve vurulduğu bu müziği halka duyurur. Yine aynı zamanlarda *Bilimler ve Sanatlar Üstüne Söylev*'i tutkuyla okunmaktadır ve herkesin dilindedir. Ayrıca Rousseau Fransız müziği üstüne düşüncelerini savunmaya devam etme niyetindedir.

Fakat tüm bunlara rağmen bilhassa tek bir şeyi daha fazla arzulamaktadır: uzun süre yalnız kalmak, ormanlara dalmak, Paris'i terk etmek. Kültürün, edebiyatın ve bilginin, insanlığın gelişmesinden ziyade çöküşüne katkıda bulunduğunu çoktan yazmıştır. Zamanın düşünürleri, çevresindeki herkes akıl yoluyla özgürleşme, eğitimle mükemmelleşme, bilimle ilerleme türküsünü tutturmuşken, Rousseau toplumun insanı yozlaştırdığını göstermeyi amaçlar. Fakat bunu ilk *Söylev*'inde yazdığında hâlâ meşhur olma peşindedir; Rousseau'nun yaşamı tanınmaya, bilinmeye, sevilmeye ve alkışlanmaya beslediği bu arzuyu gözler önüne serer.

Kırk yaşını devirdiğinde, sosyal arayışlara, sosyetik ahbaplıklara, baş döndürücü modalara ve bitmek bilmez dedikodulara dur demeye karar verir. Rousseau'nun orman yollarından ve gürültü patırtıdan uzakta yalnız olmaktan başka isteği kalmamıştır. Her gün toplumsal saygınlığını teyit etmek, arkadaşlarını ölçüp biçmek, düşmanlarını yoklamak, destekçilerini hoş tutmak, hiç durmadan beş para etmez züppelerle budalaların gözündeki önemini anlamaya çalışmak, bakışlara karşılık vermek, sözcüklerin intikamını sözcüklerle almak yerine uzaklarda, başka bir yerlerde olmak; gecelerin sessiz ve derin, sabahlarınsa berrak olduğu ormanlara sığınmaktır arzusu. Amacına ulaşması için pek çok insanı kendinden uzaklaştırabilmesi gerekir ve bunu nasıl yapacağını bilir de: Hayatını koşturmalardan ve sürünmelerden azat edip sadece yürüyecektir.

Rousseau'nun ikinci söylevini, *İnsanlar Arasında Eşitsizliğin Kökeni*'ni yazdığı dönemdir bu. Sabahları evden çıkıp Saint-Germain ya da Bois de Boulogne ormanlarında yürür. 1753 Kasım'ı hiç olmadığı kadar ılık ve güzeldir; yumuşak ve derin mavi gökyüzünün altında her yanı yaprakların hışırtısı ve altınlı kızıllı sonbahar renkleri sarmıştır. O halde ne yapar Rousseau? Yürür, çalışır, keşfeder. Her gün yalnız başına düzenli olarak yürür. Ağır ayakkabılarıyla toprağı çiğnemek, koruluklarda kaybolmak, kadim ağaçların arasında dönüp durmaktır yaptığı. Yalnızdır ve hayvanlarla ağaçların boğuk homurtularıyla, yaprakların arasında dans eden rüzgârın nefesiyle, dalların tıkırtı ve gıcırtılarıyla sarmalanmış, daha ziyade dolmuştur. Yalnız ve doymuştur. Çünkü artık nefes alabilmektedir; nefes alıp, kendini orman yollarına bıraktığı gibi yavaş bir mutluluğa, anlık zevkler barındırmayan mutlak sakinliğe bırakır. Tekdüze bir gün gibi sürüp giden ılık bir mutluluktur tattığı: sadece orada olmanın, kış güneşini yanaklarında hissetmenin, ormanın boğuk gıcırtılarını işitmenin mutluluğu. Rousseau ormanda yürürken, dünyevi duyguların sağanağından kurtulmuş, toplumsal arzuların artık nüfuz etmediği, nihayet ilk zamanlardaki gibi atan yüreğindeki coşkuyu dinler. Ayrıca bu gün boyu süren yürüyüşlerde, –kendinde *homo viator*'u, yürüyen insanı– kültürle, eğitimle, sanatla bozulmamış doğal insanı bulmaya yönelik çılgın planının çatısını kurar: Kitaplardan ve entelektüel toplantılardan önceki, toplumdan ve ücretli emekten önceki, maziye karışmış insandır bu.

Rousseau kendi kimliğini bulmak, gizlenmiş bir tekilliği yeniden keşfetmek, maskelerin ağırlığından kurtulmak için değil, başka bir çağa ait o insanı, ilk insanı kendi içinde bulmak için yürür. Dünyayla ve dünyanın dehşetleriyle bağını koparmak, yalnızlıkla arınmak, ilahi kaderine hazırlanmak için çöle gider gibi değil, doğadan taze taze çıkmış, katıksız, ilkel insanı kendi içinde bulmak için yürür. Rousseau kendini en derinlere, en yabana atarak uzun uzun yürürken durmadan şunları sorar: İçimde *direnen* şey ne? Ağaçlar gibi kök salmış, uzaktan hışırtılar çıkardığını işittiğim hayvanlar kadar huzursuz kim var benim içimde? Kendimde *doğal* olan ne bulabileceğim? Kitaplarda değil, sadece yalnız başına yürüyerek bulabileceğim şey ne? İlk insanın, bütünüyle vahşi olan insanın hatlarını çıkarmak; bu orman yürüyüşlerinde toplumsal insanın üstündeki verniği yavaş yavaş kazıyarak, sadece uygarlaşmış, doğası değişmiş, toplumsal tutkularla şişmiş son insandan bahsettikleri için kitaplarda olmayan bu portreyi teşhir etmek: ilk insanın resmini çizmek. Böylece keşfetmek; yalnız, kimsesiz, dünyadan uzak, sadece ağaçların ve hayvanların eşliğinde o ilk insanı yeniden keşfetmek kendinde...

> Günün geri kalanını ormanda geçiriyor, ilk çağların resmini arayıp buluyor ve öyküsünü cesurca karalıyordum. İnsanların acınası yalanlarını yakalıyor, hiç sakınmadan insan doğasını tüm çıplaklığıyla ifşa ediyor, onu biçimsizleştiren, başkalaştıran zamanın ve olayların seyrini kovalıyor, insanın yarattığı insanla doğal insanı mukayese ederek onlara sözde mükemmeliyetleri içinde yer etmiş sefaletlerinin gerçek kaynağını gösteriyordum.[23]

Bitmez tükenmez okumalardan ziyade günler boyunca ormanda dolaşmayı gerektiren, filizlenme ihtimali düşük bu çalışmaları yaparken hiç durmadan kendini sorgulayan Rousseau bir zaman sonra o ilkel, yabani, masum adamın kırılgan ve titrek

23. Jean-Jacques Rousseau, *Les Confessions*, Cilt VIII, Gallimard, Paris, 1973. [Türkçesi: *İtiraflar II*, çev. Arif Obay, MEB Yayınları, İstanbul, 1991.]

siluetinin içinde usul usul belirmeye başladığını hisseder. Meşe kuytularında gezinen kaçak bir gölge olarak tahayyül ettiği bu hayalet adım adım ortaya çıkarken, onu karmaşık dürtülerle saldırgan içgüdülerin güdümündeki vahşi ve yabani bir şey değil, çekingen ve onu bir anne gibi sarmalayan doğayla uyumlu, bilhassa da yalnız ve mutlu bir şey olarak görür. Çünkü toplumsal dünyanın yapay ve insanı tüketen tutkularından kurtulan Rousseau'nun orada yalnız başına yürürken tattığı bu doygun ve basit mutluluk, "sakin ve masum günler" geçiren ilk insanın tattığı mutlulukla aynı olmalıdır. Bu mutluluğun yoğunluğu sahte coşkunlukların, ahmakça tatminlerin ve dünyanın boş zevklerinin yoğunluğundan nasıl da fazladır!

> Onca felsefenin, insaniyetin, nezaketin ve haşmetli vecizenin ortasında, yanıltıcı ve boş bir dış görünüşten, faziletsiz şereften, irfansız akıldan ve mutluluk barındırmayan hazdan başkası yok elimizde.[24]

"Yalnız gezer", değişimleri ve mücadeleleriyle birlikte koca insanlık tarihini istikrarlı ve baş döndürücü bir düşüş olarak görür. Asıl hayvan, kötülük ve hasetten çatlayan, nazik ve riyakar medeni insandır. Asıl orman adaletsizlik ve şiddet, eşitsizlik ve sefalet dolu toplumsal dünya ile polis gücü ve ordularıyla devletlerdir. Boğazına kadar kin, nefret, kıskançlık ve hınca batmıştır toplumsal insan. Fakat Rousseau, "yalnız gezer", insan tutkularının doğuştan gelen hakikatini kültürün kalın tabakalarının altından gün yüzüne çıkarmaya çalıştığında, yalnızca naif ve koşulsuz bir özsevgi (buradaki özsevgi,

24. Jean-Jacques Rousseau, *Discours sur l'origine et les fondements de l'inégalité parmi les hommes* Gallimard, Paris, 2006. [Türkçesi: *İnsanlar Arasında Eşitsizliğin Kökeni*, çev. Aziz Yardımlı, İdea Yayınları, İstanbul, 2011.]

sevmenin tam zıttı olan kendini yeğlemekten, yani bencillik ve kırılgan özsaygıdan fersah fersah uzaktır); başka bir ifadeyle, insanı kendine alaka duymaya, kendini korumaya ve kendi huzuruyla mutluluğuna özen göstermeye yönlendiren içgüdüsel bir yatkınlık keşfeder. Dolayısıyla doğal insan, içgüdüsel olarak *kendini sever* ama asla kendini yeğlemez. Sadece toplum içinde öğrenilir kendini yeğlemek. İnsan kendini sevmeyi yeniden öğrenebilmek için uzun mu uzun bir yol tepmelidir.

Yüreğindeki bütün aptal tutkuları defettikten, tekinsiz yollar boyunca maskelerinden kurtulduktan sonra nihayet yalnız kalan Rousseau da içinde saf, şeffaf, sonsuz bir merhametin filizlendiğini hisseder. Bu uzun yürüyüşler, matemin ve büyük felaketlerin de yol açtığı gibi, içindeki kıskançlığı ve hıncı yok eder; eski nefretler, husumetler birdenbire beyhude, önemsiz ve faydasız görünür. Tabii ki bu eski hasımların bir anda sevilmeye başlanacağı, kucaklanacağı anlamına gelmez. Bu sevgi dolu barışıklıklar inatçı nefretler ve husumetlerle aynı kumaştan dokunmuş, aynı tuvale işlenmiştir. Ancak yürürken iş değişir: Ötekine karşı hiçbir şey beslemezsiniz artık, ne düşmanca bir saldırganlık ne de öve öve bitirilemeyen bir kardeşlik. Yalnızca öteki gözyaşlarına boğulduğunda renk veren tarafsız bir hazır bulunma haliniz vardır. O zaman yüreğiniz doğal bir merhametle açılır ve bariz acının karşısında kendiliğinden genişler. Böylece ötekinin imdadına yetişir, tüm kalbinizle ona yardım etmek istersiniz.

> O halde, bize sadece insanları kendilerini şekillendirdikleri gibi görmeyi öğreten bilimsel kitapları bir kenara bırakıp insan ruhunun ilk ve en basit faaliyetleri üzerine düşününce, akıldan önce gelen iki şeyi kavradığımı düşünüyorum. Bunlardan biri, bizi hararetle kendi mutluluğumuz ve huzu-

rumuzla alakadar olmaya ve kendimizi korumaya yönlendiriyor. Diğeriyse bütün duyarlı varlıkların, bilhassa benzerlerimizin acı çektiğini veya helak olduğunu gördüğümüzde içimizde doğal bir hoşnutsuzluk uyandırıyor.[25]

Dolayısıyla kin, güvensizlik ve nefretin kaynağı ilkel vahşilik değildir. Dünyanın yapay bahçesine hapsolmuş bu duygular bize aşılanmıştır ve o zamandan beri hiç durmadan tomurcuk vermeye, yeşermeye ve tabiatında merhametli olan yüreklerimizi boğmaya devam etmektedir.

Ormanlarda kıvrılan patikaları izleye izleye yapılan özgür yürüyüşlerde işte bu keşfedilir; yüreğinizi daha iyi dinleyebilmek için kaybolmak, içinizde pır pır eden ilk insanı duyumsamak. Nihayetinde kendinizle daha barışık olursunuz; artık kendinize tapmaz, sadece seversiniz kendinizi. Başkalarıyla da daha barışık olursunuz; kimseden iğrenmezsiniz artık, onlara canıgönülden merhamet duyarsınız. Yorgun güneşin telaşsızlığında, döne döne yere düşen ölü yaprakların dinginliğinde, doğanın derin soluk alıp verişlerinde yıkanan bu yollarda, ağaçların arkasından bakınca, korkuları, haksız böbürlenmeleri, anlık mutlulukları ve kızgınlıklarıyla medeni dünya ve toplum uzun zamandır süren bir felaketten başka bir şey değildir.

Medeni insanın durumuyla vahşi insanın durumunu hiçbir peşin hükme kapılmadan mukayese edin ve elinizden geliyorsa medeni insanın kötülüğünden, ihtiyaçlarından ve sefilliğinden başka, acıya ve ölüme kaç yeni kapı açtığını bir araştırın.[26]

•••

25. Age.
26. Age.

Akşam olur. Rousseau altmışına merdiven dayamıştır. Yasaklanmış, herkes tarafından reddedilmiş, cumhuriyetçi Cenevre ve krala tabi Fransa dahil her yerden kovulmuştur. İngiltere'ye iltica girişimi hüsranla sonuçlanır, çünkü orada da kendine pek çok düşman edinmiştir. Uzun zaman yarı gizlenerek orada burada başıboş dolaşır, birçok kere dört duvarın huzurunu tadabilmek için kendini hapse attırmayı düşünür. Sonra *pes ettiği* an gelir yavaşça. Koyverir. Son yürüyüşlerine çıkar. Cesaretini ve mücadele etme hevesini yitirmiş vaziyette Paris'e döner. Azar azar unutulmaya başlanır orada, insanlar başka şeylere, başka husumetlere dalmışlardır. Hepsi bu kadardır işte.

Son yürüyüşlerden kastım, *Yalnız Gezerin Düşleri*'ni oluşturan, hatta kitapların da ötesinde, *Yalnız Gezerin Düşleri* içinde anlam bulan yürüyüşlerdir. Bir şeylere *hazırlanmak* için çıkılan, yeni sözler (yeni savunmalar, yeni kimlikler, yeni fikirler) *bulma* vesilesi olarak görülmeyen o müphem yürüyüşlerden bahsediyorum. Ermenonville'de, Mayıs ve Haziran 1778'de çıkılan o son yürüyüşler... Rousseau için yürümek artık ne bir yöntemdir, ne de bulgulama ve kestirim yapmak için gerçekleştirilen bir eylemdir. Artık yeni buluşları teşvik etmek için değil, sadece ve sadece *hiçbir şey* için çıkar yürüyüşe; batan güneşin hareketine katılmak, dakikaların, saatlerin, günlerin temposunu ağır adımlarıyla aksettirmek için. Günü biraz da olsa vurgulamak adına, müzik çalarken parmakların farkında olmadan masada tempo tutması gibi, düşünmeksizin yürür. Buradaki asıl mevzu, artık hiçbir şey beklemiyor olmaktır; zamana *bırakmaktır* kendini, günlerin kabarışına, gecelerin alçalışına teslim olmaktır. Bu bağlamda mutluluk "sarsıntısız ve kesintisiz, tekdüze ve ılımlı bir hareket" ister. Yürümek zamana eşlik etmek, bir çocukla gezer gibi zamanın temposuna ayak uydurmak demektir.

Derken, o uzun akşamüstü yürüyüşlerinde, unutulmuş anılar bir bir bilince çıkar, eski arkadaşları gibi selamlar onları

Rousseau. Nihayet bu anıları hoş görmektedir; hatırlamak artık hiçbir yaranın kabuğunu kaldırmamakta veya kayıp bir mutluluğun ruhu yoran hasretini uyandırmamaktadır. Su bitkileri gibi yüzeyde dalgalanırlar, sadece renkleri ve biçimleri farklıdır. Kayıtsız bir şekilde gülümseyerek, yaşanmışlıkları zaman zaman muğlak, zaman zaman eğlenceli, zaman zaman kesin hislerle hatırlar artık. O hayalperest çocuk, dünyevi zevklerle mest olmuş o genç adam gerçekten ben miydim?

Rousseau'nun yürürken hayallerinin efendisi olduğunu, sadece görüleriyle uzlaştığını, düşlerinden kesinlikle emin olduğunu söylediği zamanlar geride kalır. Son yürüyüşlerde, umut edilen ve beklenen bir şey olmadığından, kayıtsızlığın yoğun dinginliği ve bir koyverme hali vardır. Sadece yaşamak, varoluşu kendi haline bırakmak vardır. Çünkü artık "biri" olması gerekmez, kendini akıntıya yahut inatçı varoluş dereciğine bırakabilir.

Böylece yüzeye çıkan anılar da kardeşçe bir boyut kazanır, tıpkı yüzü çökmüş ihtiyar kardeşler gibidirler. İyiliğiniz adına, sırf *feleğin çemberinden geçtiği* için sevdiğiniz o yaşlı kardeş olursunuz. Bu yürüyüşlerde kendinize şefkat gösterirsiniz. Bahaneler bulmak yerine affedersiniz kendinizi. Kaybedecek bir şey yoktur artık, tek yapmanız gereken yürümeye devam etmektir. Etraftaki her şey bu yeni çehreden nasiplenir: Gizlenen ürkek kuşa, boynunu bükmüş kırılgan çiçeğe, sık yapraklara karşı duyarlısınızdır. Çünkü bu amaçsız ve sakin yürüyüşler sırasında dünyadan bir şeyler beklemeyi bırakır bırakmaz, dünya da kendini size verir, bırakır, teslim olur. Hiçbir şey beklemez olduğunuzda, mevcudiyet için bir takviye, karşılıksız bir lütuf olarak sunulur her şey. Yorgunluklar, başarılar, planlar, beklentiler dünyasında çoktan ölmüşsünüzdür. Ama bu güneş, bu renkler, şurada kıvrıla kıvrıla yükselen mavi duman, bu çıtırdayan dallar... hepsi ama hepsi birer hediyedir.

Kimlikler, tarihler, kâğıda dökülen anlatılar defalarca tüketilmiş, tekerrür ve intikamlara bulanmış mevcudiyetleriyle çoktan ardınızda kalmıştır. Her şey elinizden kayıp gitmiş, diğer yandan başka pek çok şey bahşedilmiştir: 1778 ilkbaharının güneşi, Valois Gölü'ndeki pırıltılar, Ermenonville'in kadifemsi yeşili.

Yalnız Gezerin Düşleri, Rousseau'nun Haziran 1778'de müthiş bir gönül ferahlığıyla çıktığı son yürüyüşleri tahayyül etmemize olanak verir; yani, başarılan, edinilen şeylerden epey sonra Varlığı dinlendirmek için çıkılan yürüyüşleri. Yazgılar tamamlanmış, elekler asılmıştır. Kitaplar kapanmıştır. Bundan böyle o, ne Rousseau, ne Jean-Jacques, ne yandaş, ne karşıt, ne de "birisi" olmak zorundadır. Ağaçlarla taşlar arasında, yollar üstünde sadece bir titreşimdir artık. Manzarada soluk alıp vermek için yürür. Her adımda, külliyatına giremeden, yeni bir ilham doğar ve ölür.

> Ben keyfimce yürümeyi, canım istediğinde de durmayı severim. Bana seyyar bir yaşam gerek. Güzel bir havada, güzel bir ülkede telaşa gelmeden yol yürümek ve yürüyüşün sonunda da hoş bir manzarayla karşılaşmak, onca yaşam tarzı arasında zevkime en uygun olanı.[27]

27. Jean-Jacques Rousseau, *Les Confessions*, Cilt IV, Gallimard, Paris, 1973. [Türkçesi: *İtiraflar I*, çev. Reşat Nuri Güntekin, MEB Yayınları, İstanbul, 1991.]

Sonsuzluklar

Bir gün "haberlerden"[28] vazgeçmenin bir yolunu bulmamız gerek. Gazete okuduğumuzda aslında sadece henüz bilmediğimiz bir şeylerden haberdar oluruz. Zaten aradığımız da kesinlikle budur: yeni olan. Fakat o bilmediğimiz, öğrendiğimizde hemen unuttuğumuz şeydir tam olarak. Çünkü onu öğrendiğimiz anda, henüz bilmediğimiz, yarın gelecek olan şey için yer açmamız gerekir. Gazetelerin hafızası yoktur: Yeni haber bir öncekini önüne katar, her olay sırra kadem basan bir diğer olayın yerini alır. Söylentiler etrafı kasıp kavurur, sonra birden diner. "Sağlam kaynaklardan alınan bilgiler" birbirini kovalar, çağlayanlar gibi dökülüp durur.

Yürümeye başladığınızda haberler umurunuzda olmaz. Çok geçmeden dünyaya ve çalkantılarına dair bütün bildiklerinizi, o son skandalla alakalı gelişmeleri unutursunuz. Ne son dakika gelişmelerini bekler, ne de olayların nasıl başladığını ya da bittiğini öğrenmek istersiniz artık. Son olanları duydunuz mu? Yürümeye başladığınızda bunların hiçbir önemi kalmaz. Bizi çoğunlukla esir alan bu kısa ömürlü haberlerden, *ebediyetin* huzuruna çıkarak kurtuluruz. Hatta uzun süre uzaklarda yürüdükten sonra, hayretler içinde, olup bitenlerde ne bulduğunuzu da sorabilirsiniz kendinize. Fark ederiz ki, ebediyetin

28. Fransızca "yeni, yeni gelen, yenilik" anlamına gelen *nouvelle* kelimesi, "s" çoğul ekini aldığında "haber, kısa hikâye" anlamını alır. –çn

ağır nefesi karşısında gündeliğin kesik nefesi anlamsız ve hastalıklı bir çırpınmadır.

Kayaların, ovaların ve ufuk çizgisinin sonsuzluğuyla karşılaşırız ilk: *Dirençlidir* bunlar, değişmezdir. Her yana sirayet etmiş bu bütünlükle yüzleşmek ıvır zıvır gerçekleri, kısır haberleri, rüzgârın süpürdüğü toz zerreleri kadar önemsiz kılar. Olduğu yerde titreşen hareketsiz bir sonsuzluktur bu. Yürümek gürültü patırtı yapmadan sürüp giden bu gerçeklikleri –kayaların ortasında büyüyen ağacı, nöbetteki kuşu, yolunu bulan dereyi– hiçbir karşılık beklemeden tecrübe etmektir. Yürümek söylenti ve yakınmaları aniden susturur; içimizde durmadan başkalarını eleştiren, kendini değerlendiren, yorumlayan, izaha yeltenen sonu gelmez gevezeliği keser. Yürümek kuyruk acılarını, ahmakça tatminleri, kolayca alınmış hayali intikamları açığa çıkaran kendi kendine konuşmaları bitirir. Bir dağa bakarken, büyük ağaçların arasında yürürken şöyle düşünürsünüz: *Buradalar* işte. Buradalar, hem de benim için değil, zaten buradaydılar. Benden önce varlardı, benden sonra da var olacaklar.

İşleri yaratanın da yüklenenin de kendimiz olduğunu gayet iyi anlayıp onlarla uğraşmaktan ve onlar tarafından alıkonmaktan kurtulacağımız bir gün elbet gelecek. Çalışmak: birikim yapmak, hiçbir kariyer fırsatını kaçırmamak için hep pusuda beklemek, bir mevkiye göz dikmek, iş yetiştirmek, rakipleri düşünüp endişelenmek. Bunu yap, şunu görmeye git, öbürünü davet et: sosyal ilişkilerdeki baskılar, kültürel modalar, iş yoğunluğu... Her zaman bir şeyler yapmak, peki ya "olmak"? Bunu sonraya bırakırız çünkü hep daha iyisi, daha acili, daha öncelikli olanı vardır. Var olmak yarına kadar bekleyebilir. Ancak yarın da öbür günün işlerini getirir. Bitmeyen karanlık bir tünel. Ve buna yaşamak derler. Bu öylesine baskındır ki boş zamanlarda bile bu takıntılı durumun izleri görülür: aşırı derecede spor yapmak, uyarıcılar yardımıyla dinlenmek, pahalı akşam yemekleri, yoğun gece hayatı, ateş pahası tatiller. Bu tünelden insan ya melankoliyle ya da ölümle çıkar.

Yürürken, yürümekten başka bir şey yapmayız. Yürümekten başka yapılacak şey olmaması saf bir varlık duygusunun yeniden kazanılmasını, çocukluk çağına olduğu gibi nüfuz etmiş o basit var olma mutluluğunun yeniden keşfedilmesini sağlar. Yürümek yükümüzü hafifleterek, yapma takıntısını içimizden söküp atarak çocuklukta yaşanan o sonsuzlukla yeniden bağlantı kurmamızın yolunu açar. Yürümek çocuk oyunudur bana göre. Geçip giden güne, parlak güneşe, ağaçların büyüklüğüne, göğün maviliğine hayran kalmak; bunları tatmak için ne tecrübeli ne de becerikli olmak gerekir. Hem çok uzun süre hem de çok uzaklara yürümüş insanlara itimat etmemek tam da bu yüzden yerindedir: Onlar her şeyi görmüştür çoktan, karşılaştırma yapıp dururlar. Ebedi çocuksa hiç bu kadar güzel bir şey görmemiş olandır, çünkü karşılaştırma yapmaz. Dolayısıyla birkaç gün, birkaç hafta yürüdüğümüzde sadece mesleğimizi, komşularımızı, ilişkilerimizi, alışkanlıklarımızı, tedirginliklerimizi değil, kaotik kimliklerimizi, yüzlerimizi ve maskelerimizi de geride bırakırız. Artık hiçbiri tutunamaz çünkü yürümek bedenden başka bir şey istemez. Bilginiz, okumalarınız, ilişkileriniz burada işe yaramaz. Yürümek için bir çift bacak, görmek için de bir çift meraklı göz yeterlidir. Yürüyün, bir başınıza, ister dağların üstünde ister ormanın içinde.

Tepeler ya da yemyeşil sık dallar için hiçbir şey ifade etmezsiniz, bir hiçsinizdir. Bir rolünüz, mevkiniz, hatta kişiliğiniz bile yoktur artık, yollardaki sivri taşları, hafifçe sürtünen uzun otları ve rüzgârın ferahlığını hisseden bir bedenden ibaretsinizdir. Yürürken dünyanın şimdisi de yoktur geleceği de, sadece sabah ve akşam döngüleri vardır. Bütün gün yapılacak şey hep aynıdır: yürümek. Yürürken gördüklerinden (bir temmuz akşamında maviye çalan taşlardan, öğle vaktinde gümüşi yeşile çalan zeytin ağacı yapraklarından, sabahları mora çalan tepelerden) büyülenen insanın ne geçmişi, ne projeleri, ne de deneyimi vardır. İçinde o ebedi çocuk yaşar. Yürürken yalnızca anlık bir tanıklıktan ibarettir varlığım.

> Ormandayken insan senelerini ardında bırakır, tıpkı derisini ardında bırakan yılanlar gibi, ve o sırada hayatının hangi dönemini yaşıyor olursa olsun, artık hep çocuk kalacaktır. Ormanlarda ebedi gençlik bulunur [...] Bilirim ki orada doğanın iyileştiremeyeceği hiçbir şey gelmez başıma, ne bir talihsizlik ne de bir kötülük. Zira gözlerim bana bırakılmıştır. Tasasız havayla yıkanan başım sonsuz boşluğa çevrili, çıplak toprakta dikilirken, bütün bayağı bencilliklerim yok olur. Şeffaf bir göz yuvarlağına dönüşürüm; hiçim ben; her şeyi görürüm.[29]

Doğa bizi sarsa sarsa uyandırır insanlık kabusundan.

Bir şey daha vardır, sonsuz bir bütünlük hissi. Acaba manzaranın yalnızca yürürken anlayabileceğimiz hali nedir? Arabayla geçerken de aynı manzaraları görürüm elbette. Dağların kusursuz siluetlerini seyreder, haşmetli çölleri aşar, muhteşem ormanlardan geçerim. Bazen kenara çekip dururum; bacaklarımı esnetir, birkaç fotoğraf çekerim. Ağaçların ismi, bitkilerin biçimi, engebelerin adını anlatabilir birileri, ayrıntılarını verebilirler. Güneş yine yakıcı, renkler yine parlak, gökyüzü yine cömerttir.

29. Ralph Waldo Emerson, *Nature*, Penguin Books, Londra ve New York, 2008. [Türkçesi: *Doğa*, çev. Burcu Tosun, Kafekültür Yayıncılık, İstanbul, 2014.]

Ama yürümek, özümsemeye vesile olur. Durmadan yürürüz, bir dağın karşısındayken yüceliği derimizin içine nüfuz eder, ağır ağır yokuş aşağı inerken tepelerin şeklini saatler boyu soluruz. Beden ezip geçtiği toprakta demlenir. Ve böylece yavaş yavaş manzaranın içinde olmaktan çıkıp manzaranın *ta kendisi* olur. Bu demek değildir ki yürüyen kişi manzarada sabit, basit bir noktaya dönüşür. Daha ziyade bir aydınlanma, bir yükselme ânıdır bu; bir anda parlayan ateş, tutuşan zaman gibidir. Sonsuzluk duygusu ansızın varlıklar arasındaki titreşim oluverir. Sonsuzluk kıvılcım gibidir orada.

Yabanın Fethi
Thoreau

David Henry Thoreau, Temmuz 1817'de Massachusetts eyaletine bağlı küçük bir kasaba olan Concord'da, bir kurşunkalem imalatçısının üçüncü çocuğu olarak dünyaya gelir. Harvard Üniversitesi'nden mezun olur olmaz devlet lisesinde ders vermeye başlar, ancak hem öğrencilerine fiziksel ceza vermeyi reddettiği hem de dersleri sınıfla uzun yürüyüşler yaparken vermeyi yeğlediği için iki hafta sonra istifa eder. Ailesinin kurşunkalem fabrikasına döner. 1837'de isimlerinin yerlerini değiştirir (bundan böyle Henry David olarak anılacaktır) ve ölene kadar tutacağı günlüğünü yazmaya koyulur. 1838'de erkek kardeşiyle birlikte bir özel okul açar ama bu girişim kısa ömürlü olur. Çok geçmeden Emersonlar'ın evinde kahya olarak çalışmaya başlar, *The Dial*'da şiirleri ve denemeleri yayımlanır, şehirde sık sık uğradığı transandantalizm derneğinin dergi çıkarmasına yardım eder. Bir ara Emerson'ın yeğenlerine özel ders vermek üzere Concord'dan ayrılıp New York eyaletindeki Staten Island'a gider ama orada da ancak bir sene kalır. Mart 1845'te, Emerson'ın Walden Gölü yakınlarındaki arazisinde bir kulübe inşa etmeye başlar kendine. Onun felsefi icraatı olacaktır bu. Gölün kıyısında, ağaçların arasında kendi yağıyla kavrularak iki seneden fazla yaşar. Toprağı beller, etrafta dolaşır, okur, yazar. Meksika-Amerika Savaşı'nı ve hükümetin köleliği kaldırmamasını protesto etmek amacıyla vergi ödemeyi reddettiği için Temmuz 1846'da kulübesinde tutuklanıp hapse atılır. Bu deneyimin sonucunda büyük ve tesirli bir siyasi yapıt olan *Sivil İtaatsizlik*'i kaleme alacaktır. Thoreau bir hayırseverin –onun isteği dışında– vergi borcunu ödemesi üzerine ertesi gün hapisten çıkar. Temmuz 1847'de Walden'ı terk edip bir sene Emersonlar'ın yanında kalır, sonra ailesinin evine döner ve topograf olarak çalışır. Quebec, New Hampshire ve White Mountains'a yerli kabilelerle tanışmasına vesile olan seyahatler yapar. Köleliğe karşı savaşır. Kırk dört yaşında tüberkülozdan ölen Thoreau, aralarında ormanda geçirdiği iki seneyi anlattığı büyüleyici *Walden*'ın ve yürümek üzerine ilk felsefe kitabı olan *Yürümek*'in bulunduğu büyüleyici bir külliyat bırakır ardında.

On dokuzuncu yüzyılın ilk yarısında yaşayan Thoreau, çok geçmeden topyekûn kapitalizme ve endüstriyel sömürüye (hem işçi hem de kaynak sömürüsü) evrilecek olan büyük ölçekli kitlesel üretim çağının başlangıcına tanıklık eder. Kâr takıntısının yaratacağı rekabeti ve bundan böyle sadece servet madeni olarak görülecek doğanın yağmalanışını öngörür. Sınırsız servete duyulan büyük iştah ve doğal kaynakların şuursuzca sermayeleştirilmesi karşısında Thoreau bir *yeni ekonomi* önerir.

Yeni ekonominin ilkesi basittir. Herhangi bir eylemin ne kazandıracağı değil, bu eylemin gerçek hayattan neyi alıp götüreceği sorulmalıdır.

> Bir şeyin maliyeti aslında, ister derhal ister uzun vadede olsun, hayatta neye mâl olduğuyla ölçülür.[30]

Aynı zamanda kârı faydadan ayırmaya yarayan bir yoldur bu. Ormanda çıkılan uzun bir yürüyüşten ne kâr elde edilir? Hiç.

30. Henry David Thoreau, *Walden (Or Life in the Woods)*, Wilder Publications, Radford, VA, 2008. [Türkçesi: *Walden – Ormanda Yaşam*, çev. Aykut Örküp, Zeplin Kitap, İstanbul, 2014.]

Satılabilecek hiçbir şey üretilmemiş, topluma hiçbir fayda sunulmamıştır. Bu açıdan bakıldığında, yürüyüş işe yaramaz ve beyhude bir eylemdir. Geleneksel ekonomi dilinde bu, heba edilmiş, servetin üretilmediği kayıp zamandır. Halbuki yaşamım için bana sağladığı fayda –sırf içsel nedenlerle de değil– nereden bakılırsa bakılsın muazzamdır. Yürüyüş sırasında insanı serseme çeviren dünyalık dertlerin kuşatmasından kurtulur ve aklım zevzeklerin bıkkınlık verici boşboğazlıklarından azade, kendime kulak verebilirim. Tüm gün kendi kendimin sermayesi olurum. Ya dinleyerek ya da düşüncelere dalarak geçirdiğim sadece bana ait bir zaman. Doğa bütün cömertliğiyle renklerini öylece bana sunar. Yalnızca bana. Yürümek bütün duyularımı açar ve varoluşu tüm detaylarıyla hissederim. Bunlar bize bir şeyi ifade ediyor. Yürümek insana kâr değil fayda sağlar, hem de fazlasıyla.

Kârla fayda arasındaki fark, kâr getiren eylemleri benim yerime bir başkasının da yapabilecek olmasıdır. Ve gerçekte de kâr getiren eylemler zaten başkaları tarafından da yapılabilir olagelmiştir. Rekabet ilkesinin yarattığı sabit bir gerçektir bu. Öte yandan, benim için faydalı olan şey tavırlara, davranışlara, yaşamımın başkasına kati surette devredemeyeceğim anlarına bağlıdır. Thoreau bir mektubunda, kendiniz için saptadığınız herhangi bir eylemi tartabilmek için şu soruyu sormanızı tembihler: "Bunu benim yerime başkası da yapabilir mi?" Cevabınız evetse, o fikri bırakın, tabii hayati önem taşımıyorsa. Derinlemesine yaşamak, işte bunu bizim yerimize kimse yapamaz. İş için yerimizi başkasına verebiliriz ama yürümek için değil. En büyük fark budur işte.

Eğer ben ben değilsem, kim benim yerimde olacak?[31]

31. Henry David Thoreau, *The Journal of Henry David Thoreau (1837–1861)*, NYRB Classics, New York, 2009.

Thoreau'da çarpıcı olan, savının içeriği değildir. Ne de olsa antik çağlarda âlimler ruhani zenginliklerden yana tavır alarak dünyevi hazineleri küçümsediklerini çoktan ilan etmiş, bir insanın zenginliğinin hiçbir eksiği bulunmadığını hissetmesine bağlı olduğunu dillendirmişlerdir. Asıl etkileyici olan savının biçimidir. Thoreau'da kemikleşmiş bir hesap takıntısı vardır. Sırf nitelik adına, ekonomik nicelik hesaplarını bir kenara atalım demez. Aksine hesaplamamızı, her zaman ölçüp tartmamızı savunur. Tam olarak ne kazanıyorum veya ne kaybediyorum? Daha çok para kazanmak adına sade bir yaşamdan neleri feda ediyorum? Zengin olmak zenginlere neye mâl oluyor? Çalışmaya, endişelenmeye, hep tetikte olmaya ve hiçbir zaman oluruna bırakmamaya mı? Thoreau bir çatıya, duvarlara, bir yatağa ve sandalyelere ihtiyacımız olduğunu kabul eder ama tam olarak hangi çatı, hangi eşyalardır bunlar? Eğer yaldızlı kapı kolları olan çok büyük bir ev istiyorsanız, bunun için senelerce çalışmanız ve hava durumunu ya da gökyüzünün rengini unutmanız gerekir. Böylece kimseye faydası dokunmayacak epey kâr elde edersiniz. Halbuki yalnızca sizi soğuktan koruyacak bir çatıya, sadece üç sandalyeye (birincisi oturmak, ikincisi arkadaşlık, üçüncüsü de topluluk için), bir yatağa ve üstünüze sereceğiniz sağlam bir battaniyeye sahip olmak çok para etmez, çok az emek ister (biraz el işçiliği, pirinçle takas etmek için fasulye yetiştirmek) ama getirisi çoktur: Kalan zamanda bedeninizi doyuracak uzun yürüyüşler yapabilir (günde üç, dört saat) ve doğanın ücretsiz gösterilerinin (hayvanlar, ormandaki ışık oyunları, göl yüzeyindeki mavi tonlar) tadına varabilirsiniz. Hesap işte bu ve görüyoruz ki oldukça yorucu. Yaradılış haftasının aslında tam tersi: Sade bir yaşam için haftada bir gün çalışmak yeterli. Geriye kalan günlerde çalışmak işe yaramaz olanı, nafile olanı, lüks olanı kazanmak içindir ve ömür törpüsüdür.

"Evim," der kesin hesaplar yapan Thoreau, "bana 28 dolardan biraz fazlasına mâl olacaktır."

Çalışmak sefalet ürettiği kadar servet üretir. Burada sefalet servetin zıttı değil, aksine eksiksiz tamamlayıcısıdır. Zengin, kendininkinden daha dolu olup olmadığını görmek için komşusunun tabağına göz dikerek tıkınır. Yoksulun payına da ziyafetin artıklarına tutunmak düşer. Hepsi aynı oyunu oynar, kazananlar ve kaybedenler vardır sadece. Thoreau'nun söz ettiği tutumluluk, hep daha fazlasına sahip olmak için kendilerine yabancılaşanların servetinin olduğu kadar sıfıra sıfır elde var sıfırı kazanmak için helak olanların sefaletinin de karşıtıdır. Sisteme karşıttır bu tutumluluk; mevzubahis oyuna katılmamaktır. Paraya tutunmak, kemer sıkarak tasarruf yapmak, harcama yapmaktan çekinmek değil, oyunun tamamen dışında olmak demektir. Tercih edilmiş, bilinçli bir tutumluluktur bu.

Tutumluluk tam olarak kanaatkarlık değildir. Kanaatkarlıkta aşırıya kaçma (aşırı yemek, aşırı zenginlik, aşırı mal, aşırı zevk) eğilimine direnme durumu söz konusudur. Kanaatkarlık zevkten aşırılığa yönelen eğilimi saptar. Kendini tutma, çoğu zarar azı karar meselesidir. Kanaatkarlıkta bir katılık, zevkleri hor görme ya da daha ziyade zevk korkusu vardır. Kanaatkar olmak koyvermenin reddi, kapılıp gitme korkusuyla aşırılıktan kaçınmaktır. Tutumluluksa sadeliğin doyurucu olduğunu, azla ve hiçbir şeyle yakalanan kusursuz hazzı keşfetmektir: su, bir meyve ve rüzgârın soluğu. "Ah! Soluduğumuz havayla sarhoş olabilmek," diye yazar Thoreau.

Mal mülk edinip zengin olmanın bir sürü çaba gerektirdiğini söyleyerek, insanın günbegün deliler gibi didindiğini görmemizi ve çalışarak kendinden esirgediği onca şeyi düşünmemizi ister Thoreau. Hesaplamaya devam etmek gerekir; ona göre, an gelecek yürüyerek daha hızlı gidildiğini anlayacağızdır. Çünkü bir koşum takımına, bir arabaya sahip olmanın bedeli günlerce çalışmaktır. Arabayla bir günde katedeceğiniz mesafenin bedeli aylarca çalışmaktır. O halde yürüyün! Böylece gideceğiniz yere daha erken varır, üstüne üstlük gökyüzünün derinliğiyle ağaçların rengini de kazanırsınız.

Thoreau, "Gördüğümü kendimin kılarım," diye yazar: Yürürken kış geceleri için renkli duygular ve güneşli anılar biriktirmek demektir bu. Gerçek hazinemiz, gerçek mal varlığımız, edindiğimiz ve koruduğumuz temsiller toplamıdır.

> Hayallerime dönüyorum hep. Dünya zenginliğinin sırtında taşınmış ebedi bir servet bu, dar günler için kenara konulacak bir şey.[32]

Fakat *zenginliği elde etmek ondan kurtulmaktan daha kolaydır* yine de. Zenginin ruhu kabuk bağlar, içine gömülür, maddi olana sürtünüp durmaktan nasır tutar; yoksulunsa kalbi bu zenginliklere sahip olamamanın getirdiği kıskançlık ve öfkeyle daralır. Konfordan yoksun kalmak –yumuşak bir kanepe yerine tahta bir sandalye, soğukta uyumanın acizliği, beş yüz metre yürüyünce bastıran yorgunluk– zengin insan için acı vericidir. Yoksul da refah arzusunun tutsağı olarak zenginliğe inanmaya devam eder.

Hayır, zenginliğin bedeli birçok insan için haddinden fazladır gerçekten.

Thoreau, bu muazzam yürüyüşçü (her gün üç ila beş saat), büyük bir gezginden başka her şey oldu. Maine ormanlarına, Quebec'e, New Hampshire'a birkaç kısa gezinti yapmışsa da, hakkında bolca yazdığı ve onu asıl besleyen, Concord civa-

32. Henry David Thoreau, *The Journal of Henry David Thoreau (1837–1861)*, NYRB Classics, New York, 2009.

rında elleri cebinde çıktığı yürüyüşlerdir. Küçük çaplı bir maceraperest olduğu düşünülebilir belki, ama gerçekte Thoreau bizi egzotizm tehlikesine karşı uyarır. Uzaklara gidip, "orada" gördüklerini anlatmak için yürüyen pek çok insan vardır: ille de masal gibi rastlantılar, muhakkak efsanevi olaylar, hep görkemli manzaralar ve kesinlikle muhteşem yemekler. Hep bir gösteri haline rastlanır; anlatıda, macerada mutlak bir abartı vardır. Ancak Thoreau'nun *Walden*'ı tüm gezi hikâyelerinden daha büyüleyici gelebilir okura. Bu eserdeki dönüşümde abartılı maceraperestlerin cafcaflı destanlarını yavan kılan bir radikallik hissedilir. Yürümek için çok uzaklara gitmek gerekmediğini söyleyemeyiz genellikle. Yürümenin gerçek istikameti ötekilik (öteki dünyalar, yüzler, kültürler, uygarlıklar) değil, uygar dünyaların kenarlarıdır. Yürümek kenara çekilmektir: Çalışanların kenarından, hız yapılan yolların kenarından, servet ve sefalet üretenlerin, sömürenlerin, emekçilerin kenarından, kış güneşinin solgun yumuşaklığını ve ilkbahar esintisinin tazeliğini hissetmekten daha önemli işleri olan ciddi insanların kenarından uzaklaşmaktır.

Yürümek hem doğruluk hem de gerçeklik meselesidir. Yürümek gerçekliği tecrübe etmektir; fiziki veya öznel anlamda gerçekliği değil, sağlamlığın gerçekliğini: dayanıklılık, direnme ilkesi. Yürümek her adımda yeryüzünün sağlam olduğunu kanıtlamaktır. Her adımda bedenimin ağırlığı destek bulup seker, yaylanır.

Her yerde *sağlam* bir zemin var.[33]

33. Henry David Thoreau, *Walden (Or Life in the Woods)*, Wilder Publications, Radford, VA, 2008. [Türkçesi: *Walden – Ormanda Yaşam*, çev. Aykut Örküp, Zeplin Kitap, İstanbul, 2014.]

Tırmanışlarda adımı her zaman sağlam atmak gerekir. Bastığınız yeri, dirençli olup olmadığını anlamak için yokladığınız belli belirsiz bir an vardır hep. Dahası, havadaki ayağınızı yere basmadan önce bütün ağırlığınızı tek ayağınıza verirsiniz güvenle. Kara gömülen ayağınızın buza çarpabileceği karlı yollarda ya da bedeninizin sürekli kendini dengede tutmak ve ağırlığını yukarı kaldırmak zorunda olduğu taşlı veya kumlu kurak topraklarda bacaklar titrer. Aslında yürümez, dans eder insan. Toprağın yumuşaklığı güçsüzleştirir, tedirgin eder ayakları. Kaldırımlarsa aksine çok serttir; davullar gibi titreşir, adımın yarattığı sarsıntıyı alıp bedene geri gönderirler; halbuki toprak alıp yutar o sarsıntıyı. Asfaltlı yolların kusursuz düzgünlüğü sonunda sıkar ayakları; gerçeklik bu kadar tekdüze değildir.

Kimileri okumaya ayırdıkları kadar zaman ayırır yazmaya. Emerson, Thoreau'nun yazmaya, yürümek kadar zaman ayırdığını hatırlatır. Kültürün ve kütüphanelerin tuzaklarından sıyrılmak için yapar bunu, çünkü öbür türlü, yazılan şey başkalarının yazılarıyla dolar. Yazmak sessiz, canlı bir deneyimin tanıklığı olmalıdır, başka bir kitabın yorumu, başka bir metnin açıklaması değil. Tanık kitap... fakat bayrak yarışlarında kullanılan bayrak anlamında:[34] "Bayrağı" diğerine aktarırız, o da koşmaya başlar. Böylece deneyimden doğan kitap deneyime sevk eder. Kitapların amacı yaşamayı öğretmek değil (ders verenlerin hüzünlü görevidir bu), içimizde yaşama, *başka türlü* yaşama isteği uyandırmaktır: kendi içimizde yaşama imkânını, yaşamın ilkesini bulmak. İki kitabın arasında yaşam sıkıcıdır (iki okumanın arası tekdüze, gündelik işlerle doludur), ama kitap farklı bir varoluş umudu uyandırır. Kitap-

34. Fransızca témoin kelimesinin birinci anlamı "tanık", ikinci anlamıysa bayraklı koşu yarışlarında kullanılan "bayrak"tır. –çn

lar gündelik yaşamın sıkıntısından kaçış değil, bir yaşamdan ötekine geçiş aracı olmalıdır.

> Yaşamak için ayağa kalkmamışken, yazmak için oturmak nasıl da beyhudedir.[35]

Yazıya taşınması gereken gerçeklik işte budur; yere sağlam basan kuvvetli adımların ardından kâğıda dökülen yazı. Çünkü aynı şekilde düşüncede sadece yere sağlam basanı kabul görür. Sadece derinlemesine yaşanmış olanı yazmayı, deneyimi tek sağlam zemin olarak belirlemeyi kastediyorum burada.

> Gerçeklik diyebileceğimiz o sağlam zemine ve kayalara ayak basana ve hataya düşmeden "İşte bu," diyebilene dek, Paris'ten Londra'ya, New York'tan Boston ve Concord'a kadar bütün dünyayı, kilise ve devleti, şiiri, felsefeyi ve dini kaplamış şu fikir, yargı, gelenek, yanılsama, görünüş balçığını delip geçelim.[36]

Yürürken hissedilen gerçeklik sadece toprağın sağlamlığını değil, kişinin yere ne kadar sağlam bastığını da test etmesidir ayrıca. Thoreau yürüyüşte söz konusu olanın aynı zamanda *kendi* gerçekliği olduğunda ısrar eder hep. Çünkü insan bu şekilde *doğada* değil, *doğal* hisseder. Ne "paylaşma" ne de "birleşme" meselesidir bu. Bu ifadeler düşüncenin bir "bütünlük" anlayışı içinde aynı anda hem tamamlandığı hem de yitip gittiği büyük mistik deneyimlere daha uygundur. Oysa yürüyüş daha ziyade

35. Henry David Thoreau, *The Journal of Henry David Thoreau (1837–1861)*, NYRB Classics, New York, 2009.
36. Henry David Thoreau, *Walden (Or Life in the Woods)*, Wilder Publications, Radford, VA, 2008. [Türkçesi: *Walden – Ormanda Yaşam*, çev. Aykut Örküp, Zeplin Kitap, İstanbul, 2014.]

iştiraki bir eylemdir; kendimizdeki bitkiyi, minerali, hayvanı hissetmemizi sağlar. Yanından geçerken kabuğuna dokunduğum ağaçla aynı kabuktan, hafifçe değdiğim uzun otlarla aynı kumaştan olduğumu ve durduğum anda, ağır nefesimin, ansızın önümde mola veren tavşanın nefesiyle uyumunu hissederim.

Toprağın sağlamlığı ve etrafımı çevreleyen bollukta yankılanan kendi varlığımın tutarlılığı aracılığıyla gün boyu tecrübe ettiğim gerçeklik, nihayetinde bende eksiksiz bir güven duygusu yaratır. Dedikleri gibi, yürümek "kafayı boşaltır". Diğer taraftan yürümek zihni başka bir amaçla doldurur. Fikirler veya doktrinlerle değil, tıka basa cümlelerle, alıntılarla, teorilerle de değil, dünyanın mevcudiyetiyle doldurur. Bu mevcudiyet yürüyüş esnasında gün boyu üst üste katmanlar halinde ruha çöker. Akşam olduğunda düşünmeye hemen hiç ihtiyaç duymazsınız. Bir tek nefes alıp verir, gözlerinizi kapar ve tabiatın katmanlarının (gökyüzünün rengi, yaprakların pırıltısı, tepelerin birbirlerine karışan hatları) bedeninizde çözünüp yeniden birleştiğini hissedersiniz. Burada güven denilebilecek şey, katı ve umut dolu değil, dingin bir emin olma halidir. Bütün gün yürüyen insan gece karanlığı çöktüğünde varlığından emin hale gelir.

Bu güvenin bir diğer kaynağı da sabahtır. Thoreau bütün yapıtlarında sabahlara inanmak ister, veya daha ziyade sabahlardır inancı doğuran. Günün doğuşuna eşlik etmek için yürümeye şafakta başlanmalıdır. Bu muallak alacakaranlık vaktinde, varoluşun mahmur sayıklamaları gibi hissederiz günü. Sabah yürümek, irademizin zayıflığıyla karşılaşmaktır. Demek istediğim, doğan günü adım adım takip ettiğimizde zorlamanın, isteklere sarılmanın ya da verilmiş herhangi bir kararın etkisine rastlamayız. Günün gerçekleri ağır ağır zuhur eder. Az sonra güneş doğacak ve başlayacaktır her şey. Tabiatın sesleri, aydınlanan ihtişamı haşince bir dönüşüm göstererek tabiatın kırılganlığına ihanet eder. Gün hiçbir zaman bir irade eylemi olarak başlamaz; tereddüde yer bırakmayan bir kesinlikle doğar. Sabah yürümek, doğal başlangıçların gücünü anlamaktır.

Sağlık kendini sabahlara duyulan sevgide belli eder.[37]

Thoreau'nun sabah sevgisine ilkbahar övgülerinde rastlanır, mesela Walden Gölü'nün buzlarının nisanda eriyip yok olması, nehirlerin kendi yataklarını bulması gibi. Ancak kimi sabahlarda ve bütün ilkbaharlarda bilhassa ebediyetin yeniden tezahürünü bulur.

Sene her zamankinden daha taze bir umutla başlıyor.[38]

Gerçek umudun hep taze kalması hiçbir koşula, hiçbir doğrulamaya, hiçbir kanıta tabi olmamasından; umudun tecelli ediş biçiminde isminden fazlasının bulunduğunu bilmekten kaynaklanır. Çünkü temel olarak umut bir şey bilmek istemez, o yalnızca inanır. İnanmak, düşlemek ve umut etmek tüm edinilmiş bilgileri, alınmış dersleri ve geçmişi hiçe sayar. Doğanın tarihi yoktur, hafızası en fazla bir yıllıktır. Thoreau'nun ilkbahar deneyiminden kastı, yaşamak dışında hiçbir şeyin önemli olmadığı, amansız ve vahşi bir akıntıya bırakmaktır kendini. Onun da belirttiği gibi, bu aynı zamanda bir masumiyet serüvenidir. Her şey yeniden başlar, yeniden yola koyulur ve ışık, gecenin yanında geçmişi de sürükleyip götürür.

Bir ilkbahar sabahı affedilir insanlığın günahları.[39]

37. Age.
38. Age.
39. Age.

İlkbaharda veya şafakta yürürken ağaran güne göz kulak kesiliriz ve bizim için bu ahesteliğe tanıklık etmek dışında hiçbir şey önemli değildir. Artık yürüyenin de bir tarihi yoktur, dolaşırken yanında taşıyamayacağı kadar ağırdır tarih. Sabah yürüyüşlerinde anılar yok olur. Yalnızca günün, gecenin örtüsünü kaldıracağına dair şen bir güvenle dolar içi.

Güneş bir sabahyıldızıdır sadece.[40]

Sabahın gelmesini sağlayan şeylerden biri de Batı'dır. Thoreau'ya göre güneş her zaman Batı'dan yükselir. Doğu'da hafızamız bulunur: Doğu kültür ve kitaplardır, tarih ve eski bozgunlardır. Geçmişten alınacak ders yoktur, zira ders almak eski hataları tekrarlamaktır. İnsan tam da bu yüzden yaşlılara pek güvenmemeli ve onların sözde "deneyimlerini" (tekrarladıkları hataların yüklü toplamıdır bu sadece) kabul etmemelidir. İnsan sadece güvenin kendisine güvenmek zorundadır: tazeliğe. Gelecek Batı'dadır.

> Tarihi anlamak, sanat ve edebiyat eserlerini incelemek, soyumuzun köklerine inmek için Doğu'ya yöneliriz. Batı'ya ise geleceğe gider gibi, serüven ve atılım ruhuyla yöneliriz.[41]

Batı bir maden damarı, gelecek hazırlığı, varlık kaynağıdır; el değmemiş ve her daim yeni olandır. Batı aynı zamanda "Yaban"dır. Yaban keşfedilmemiş bakir doğadır; insanlıktan uzak birincil güçtür (akademi dışı bilgi olarak Thoreau'nun pek az şairin "dağların batı yakasını" tasvir etmeyi bildiğini söyledi-

40. Age.
41. Henry David Thoreau, *Walking*, Watchmaker Publishing, Seaside, OR, 2010. [Türkçesi: *Yürümek*, çev. İlknur Urkun, Kafekültür Yayıncılık, İstanbul, 2013.]

ğini belirteyim). Öte yandan içimizde hâlâ yaşayan evcilleştirilmemiş, isyankar taraf ve bunu gözler önüne serendir. Emerson, Thoreau için "Amerikalıların en Amerikalısı" derken, geleceğin kaynağı olan ilkel yabanıllığa karşı düşkünlüğünü kastetmiştir belki de. Gelecek Batı'da der Thoreau; ablukadan ancak yabana daldıktan, onunla yüzleştikten sonra kurtulup kendini açacak ve yeni olasılıklara teslim edebilecektir. Belki de Amerikan ütopyacılığıyla Avrupa düşçülüğü arasındaki fark da budur. Avrupalılar için yaban, kökleri çağrıştırır; kadim bir kusur, karanlık bir başlangıç noktasıdır. Amerikalı Thoreau içinse yaban Batı'da, yani önündedir. Gelecek olasılığı orada uzanır. Yaban, Avrupa tarihinin gecesi değil, dünyanın ve insanlığın sabahıdır.

> Sözünü ettiğim Batı, "yaban" kelimesinin eşanlamlısından başka bir şey değildir; ve ifade etmek isterim ki dünyanın koruyucu gücü yabandır.[42]

Yürümek bu yüzden dillendirildikleri anda eskiyen "haberler"-le ilişiğimizi kesmeye neden olur. Kendinizi kaptırdığınız anda çarkın içine kısılırsınız, der Thoreau, sırada ne var öğrenmek istersiniz. Fakat asıl mesele neyin değiştiğini bilmek değil, *ebediyen yeni* kalana yaklaşmaktır. Sabahları gazete okumanın yerini yürüyüşler almalıdır. Haberler birbirleriyle yer değiştirir, birbirlerine karışır, birbirlerini tekrarlar ve unutulurlar. Gel gelelim yürümeye başladığınızda bütün o gürültü patırtı yitip gider. Yeni olan nedir? Hiç; durmadan yenilenen, sakin bir ebediyet.

Thoreau'nun hayatı –direnişi (beklentilere ilk tavrının hayır demek olduğunu anlatır Emerson; onun için reddetmek, kabul etmekten her zaman daha kolay olmuştur) ve radikal tercihleri (gerekmedikçe çalışmamak, her gün uzun uzun yürümek, top-

42. Age.

lumun oyunlarından kaçınmak) kapsayan bir hayat– başkaları (kurulu düzen insanları, çalışanlar, mülk sahipleri) tarafından ipe sapa gelmez diye yaftalanmıştır. Halbuki onun hayatı bir hakikat ve özgünlük arayışıyla yoğrulmuştur. Hakikati aramak, dış görünüşleri aşmak demektir. Alışkanlıkları, gelenekleri, gündelik olanı da uzlaşmalar, riyakarlıklar ve yalanlar kadar eleştirmek demektir.

Aşktan, paradan, şöhretten ziyade hakikati verin bana.[43]

Hakiki bir yaşam her zaman öteki bir yaşam, farklı bir yaşamdır. Hakikat kırılma yaratır ve Batı'dadır: Kendimize yeniden şekil vermek için hakikati önce peşinen kabul edilmiş ve değişmeyen fikirler kalıbının altında, kendimizde ve yabanın taşan, gürleyen, çağlayan akıntısında aramalıyız. Kendi kendimizin esiriyizdir. Toplumsal görüşün tiranlığından yakınırız ama bireysel görüşün tiranlığı yanında o hiçbir şeydir, der Thoreau. Kendi yargılarımıza saplanmışızdır. Thoreau için yürümek kendini bulmak değil, kendine yeniden şekil vermek için imkân yaratmaktır.

Hakiki yaşam büyük bir yolculuktur.[44]

Rivayete göre, Thoreau ölüm döşeğindeyken, onu öteki dünyaya hazırlayıp dualar edecek bir rahip gelmiş ziyaretine. Thoreau hafifçe gülümseyerek şöyle demiş: "Dostum, bir kere de bir dünya yeter."

43. Henry David Thoreau, *Walden (Or Life in the Woods)*, Wilder Publications, Radford, VA, 2008. [Türkçesi: *Walden – Ormanda Yaşam*, çev. Aykut Örküp, Zeplin Kitap, İstanbul, 2014.]
44. Henry David Thoreau, *The Journal of Henry David Thoreau (1837–1861)*, NYRB Classics, New York, 2009.

Enerji

Thoreau, *Bir Kış* Yürüyüşü'nde soğuk havalarda yürüyen kişiyi tasvir eder. Sabah buz gibi havaya çıktığımızda (yollar karla, ağaçlar uzun, cılız beyaz dallarla kaplıdır), bu beyaz örtünün içinde kendimizi ısıtmak, özellikle de beden ısımızı korumak için hızlı bir tempoyla yürürüz. Soğukta yürümenin verdiği mutluluk biraz da göğsümüzde yanan o küçük ateşi hissetmekten gelir.

> Doğada toprak altında uyuklayan bir ateş var; o hiçbir zaman sönmez ve hiçbir soğuk da onu alt etmeyi beceremez [...] Toprak altındaki bu ateşin her insanın göğsünde bir sunağı vardır. Aslında en soğuk günde ve en yüksek tepede bile yürüyüşçü, gocuğunun kıvrımlarında ocaklarda yanan ateşten bile sıcak bir ateş besler. Sağlıklı insan mevsimleri öyle bir dengeler ki kış aylarında, kalbinde yazı yaşar. Güneydir ora.[45]

Yürürken evvela kendi enerjimizi, hareket halindeki bedenimizin enerjisini hissederiz. Bu bir güç patlamasından ziyade sürekli ve elle hissedilir bir şeydir.

Thoreau'nun bilgeliklerine hayranlık duyduğu Amerika yerlileri, toprağı kutsal bir enerji kaynağı olarak görürlerdi.

45. Henry David Thoreau, *A Winter Walk*, Theophania Publishing, Calgary, 2012. [Türkçesi: "Bir Kış Yürüyüşü", *Doğa ve Yürüyüş Üzerine Seçme Denemeler*, çev. Aytek Sever, Everest Yayınları, İstanbul, 2016.]

Toprağa uzanmak huzuru getirir, kabile toplantılarında üstüne oturmak daha bilge kılar, kendini onun çekimine teslim ederek yürümek kuvvet ve dayanıklılık kazandırırdı. Toprak ebedi bir güç membasıydı, çünkü o gerçek Anamızdı, bizi besler ve ayrıca bağrında atalarımızı saklardı. Tabiatta dönüşüm onda gerçekleşirdi. Bu yüzden Amerika yerlileri, ellerini gökyüzüne uzatıp yıldızlardaki tanrılardan yardım dilemek yerine, toprakta yalın ayak yürümeyi tercih ederdi.

> Lakota yerlileri toprağı, toprakla bağlantılı her şeyi severdi ve ona bağlılıkları yaşla birlikte artardı. Kelimenin tam anlamıyla toprağa vurgun olan yaşlılar, annelerinin yanına oturur gibi saygıyla ve dizinin dibine yatar gibi sevgiyle yaklaşırlardı ona. Toprakla temas etmek tene iyi geldiğinden, mokasenlerini çıkarıp kutsal toprakta yalın ayak yürümeye bayılırlardı. Çadırları, sunaklarının hammaddesi olan toprağın üstünde yükselirdi. Havada uçan kuşlar onun üstüne konar ve toprak, yaşayan her şeyi kusursuzca taşırdı. Toprak yatıştırır, kuvvetlendirir, arındırır ve iyileştirirdi. Bu yüzden yaşlı Kızılderililer kendilerini yaşamın kaynaklarından ayırmayıp toprağa bağlılıklarını sürdürdüler. Toprağa oturmak veya uzanmak daha derin düşünmelerini, daha canlı hissetmelerini sağlardı. Böylece yaşamın en büyük gizemlerini daha iyi anlayabiliyor ve kendilerini yaşayan bütün güçlere yakın hissediyorlardı.[46]

Topraktan destek alıp, yerçekimini hissedip, her adımda onun üstünde dinlenerek yürümek sonsuz bir enerjiyi solumak gibidir. Fakat bu güç yalnızca bacaklara değil, dolaşıma da etki

46. Luther Standing Bear, *Pieds nus sur la terre sacrée*'den alıntılanmıştır. [T. C. McLuhan, *Pieds nus sur la terre sacrée*, çev. M. Barthélémy, Denoël, Paris, 1974.]

eder: Yürümek hareket demektir, dinlenmeye kıyasla kalp daha hızlı ve güçlü atar, kan dolaşımı hızlanır. Adımların topraktaki yankısı kalbin gümbürtülerine karışır ve aynı ritimde ilerler.

Kalp ve toprak dışında bir enerji kaynağı daha vardır: manzaralar. Yürüyüşçüyü çağıran ve evinde hissettiren de budur: tepeler, renkler, ağaçlar... Tepelerin arasında kıvrılan patikanın büyüsü, sonbaharda lâl ve altın rengi örtülere bürünmüş üzüm bağlarının güzelliği, zeytin yapraklarının bulutsuz yaz göğünün altındaki gümüşi pırıltısı, birbirinden muntazam bir şekilde ayrılmış buzulların heybeti... Tüm bunlar destekler, taşır ve besler insanı.

Hac Yolculuğu

Yürümek her zaman bir başına öylesine dolanmak, amaçsızca takılmak anlamına gelmez. Tarih boyunca gidişatı, nihayeti, amacı belirli kurallara tabi çeşitli şekillere bürünmüştür. Hac yolculuğu da bu büyük kültürel yapılardan biridir.

*Peregrinus*un ilk anlamı "yabancı, sürgün"dür. Hacı temel olarak bir yerlere (Roma'ya, Kudüs'e) giden değil, öncelikle *yurdundan uzakta yürüyendir.* Başka bir ifadeyle, hava almak ya da yediklerini sindirmek için birazcık yürüyüşe çıkan veya pazar günleri çiftliğini turlayan kişi için zaten o topraklar yurdudur, ama hacı yurdundan uzaktaki kişidir. Bir yabancıdır. İlk Hıristiyan teologlara göre bu dünyada sadece birer yolcu olduğumuzdan, evimizi başımızı soktuğumuz bir sığınak, sahip olduklarımızı fazladan bir yük, arkadaşları da yol üstünde karşılaştığımız insanlar olarak görmemizde fayda vardır. Biraz havadan sudan sohbet, birkaç tokalaşma, sonra da iyi akşamlar, "İyi yolculuklar". Bu dünya fanidir, der teologlar, insanlık sürgündür, çünkü asıl yurduna burada ulaşması mümkün değildir. Tüm dünya gelip geçici bir barınaktır. Bir yürüyüşçü herhangi bir ülkeden nasıl geçiyorsa Hıristiyanlar da öyle geçerler hayattan. Yani durmadan, tıpkı Compostela hacılarının ilahilerinde söyledikleri gibi:

Arkadaş, oyalanmadan sağda solda
Yol almak zorundayız.

Ara vermeden manastırdan manastıra yürüyüp, hiçbirinde de uzun süre kalmayan *gyrovague*[47] adı verilen keşişler, ebedi yabancılar oluşumuzun abartılı belki de en iyi örneğidirler. Günümüzde de Athos Dağı'nda kültürlerini sürdüren bu keşişler, ömürleri boyunca dağların dar patikalarını aşıp, aynı yolları arşınlar, gün bitimlerindeyse ayakları onları nereye taşımışsa orada uyurlar. Gün boyunca yürürken dualar mırıldanır, hayatlarını bir hedefe ulaşma gayesi gütmeden geçirirler. Fakat *gyrovague*ların değer gördüğünden bahsetmek zordur. Bu göçebe insanlar fırsatçı ve berduş olarak görülmüş ve Kilise de bu yaşam tarzını yasaklamıştır. Özellikle Saint Benoit, inananın ebedi keşişlik (*peregrinatio perpetua*) halinin sadece bir metafor olduğunu belirterek "manastırda devamlı kalmayı" salık vermiştir. Bu metaforu yollarda çarçur etmek yerine dua ve tefekkürün özüne inerken kullanmak gerektiğini savunmuştur. Özellikle Mısırlı Hıristiyan teologlar hacı ve keşiş ayrımını yüzlerce yıl önce yapmışlardır. *Xenateia*yı (dünyaya yabancı olma hali) yüceltmek elbette gereklidir ama bunun için şaibeli bir berduşluk yerine inzivaya çekilmek yeterlidir.

Peregrinatio perpetua her şeyi ardında bırakmayı, kendini soyutlamayı, fani olandan vazgeçmeyi ifade eder. İsa da müritlerine bunu salık vermiş, eşlerini ve çocuklarını bırakıp, topraklarından, mallarından ve mülklerinden vazgeçip Tanrı'nın kelamını yaymak için yollara düşmelerini istemiştir ("Neyin varsa sat, hepsini yoksullara ver ve beni izle"). Daha öncesindeyse İbrahim'in buyruğudur bu: Her şeyi bırak ("Sana göstereceğim yere git"). Yürümek bir dönüşüm, bir çağrıdır. Her şeyi ardımızda bırakmak ve kendimizi arındırmak için yürürüz: Dünyanın keşmekeşini, mesuliyet dağını, didinmelerimizi ardımızda bırakırız. Unutmak, artık burada olmamak

47. (Lat.) Hiçbir manastıra bağlı olmayan dilenci, göçebe keşiş. –çn

için karayollarının muazzam sıkıcılığından, orman yollarının monotonluğundan iyisi yoktur. Yürüyün, bağlarınızı koparın, terki diyar eyleyin.

Yürümeye başladığınızda, gün boyunca vedalar birbirini izler. O yere bir daha dönüp dönmeyeceğinizden emin olamazsınız asla. Bu terk etme hali, bakışlarınızı yoğunlaştırır. Bir tepeyi aşmadan evvel dönüp manzaraya bakışınız... Veya sabah gitme vakti geldiğinde kaldığınız hana (o gri siluetine ve ardındaki ağaçlara) son bir bakışınız... Hep son bir kez dönüp bakarsınız. Fakat bu huzursuz bakışın amacı almak, gasp etmek veya elinde tutmak değildir. Daha ziyade vermek ister o, kayaların ve çiçeklerin inatçı mevcudiyetine az da olsa kendi ferinden bırakmak ister. Yürüyüşçü adı konulmamış buzulların, tarihsiz çayırların üstünde, yarınsız göklerin altındayken bakışlarından her şeyin içine nüfuz edecek kıvılcımlar saçar. Yürüyorsa dünyayı daha şeffaf kılmak içindir.

Hacı insanlık haline dair bir metafor olmakla kalmaz, aynı zamanda ete kemiğe bürünmüş tarihi bir mevcudiyete de sahiptir. Ortaçağda hacı, malum olduğu üzere, daha farklı bir karakterdi. Hacılık o zamanlar tüzeldi. Hacılığa kilise ayiniyle halk huzurunda bir resmiyet çerçevesinde girilirdi. Ayinden sonra piskopos, yürüyüşçünün asasını (hem yürümeye hem de köpeklere ve diğer hayvanlara karşı kendini korumasına yarayacak metal uçlu uzun sopa) ve günlük tayınıyla gerekli evrakın bulunduğu heybesini kutsardı. Bu meşin heybe küçük (çünkü can zaten Tanrı'nındı, tevekkül edilirdi) ve hayvan derisinden (faniliği hatırlatsın diye) olmalı, ağzı da her zaman açık durmalıydı çünkü hacı her daim vermeye, paylaşmaya, takas etmeye hazır bulunmalıydı. Bir hacı aynı zamanda geniş kenarlı şapkasından (eğer Santiago de Compostela'dan dönüyorsa ön tarafı bir deniz kabuğu asmak için kıvrılırdı), kısa tüniğinden ve her yanını örten harmanisinden tanınabilirdi.

Piskopos ya da cemaatin papazı bir törenle, hacılığını kanıtlayabileceği bir mektup verirdi hacıya. Bu mektup, muhtelif manastırlarda ve misafirhanelerde konaklamasını sağlayacak, ayrıca kutsanmış bir hacıya çatmaya cesaret etmeleri halinde en şiddetli cezaya çarptırılacak haydutlara karşı bir umut onu kollayacaktı. Tören alelade ve gösterişten uzaktı çünkü çıkılacak bu yolculuk bir nevi ölümdü: Kudüs bir yana, Roma ya da Santiago'ya gitmek dahi aylar sürerdi ve geri dönebileceğinin de garantisi yoktu. Yorgunluğa yenik düşebilir, hırsızlardan ölümüne dayak yiyebilir, suda boğulabilir veya uçurumdan yuvarlanabilirdi. Dolayısıyla hacı yola çıkmadan önce eski hasımlarıyla barışmak, ihtilaflarını çözmek, hatta bir vasiyet yazmak zorundaydı.

Peki bu kadar zorsa ne demeye yola çıkılıyordu? Saikler çeşit çeşitti. Öncelikle bağlılığı artırmak ve sadakati kanıtlamak için yollara düşülürdü. *Devotionis causa*. Hacıya belirli bir amaç, nihai, aydınlık bir yön tayin edilirdi: bir tapınak ziyareti. Büyük hac merkezleri havarilerin ve azizlerin gömülü olduğu yerlerdi: Compostela'daki Aziz Büyük Yakup, Roma'daki Aziz Pavlus ve Aziz Petrus, İsa'nın Kudüs'teki boş mezarı, Tours'daki Aziz Martin ve Mont-Saint-Michel'deki baş melek Mikael'in kutsal emanetleri. Hac yolculuğu inancın belirtisi, tutulan oruçlar ve kesintisiz duaların eşlik ettiği yürüyüşün tevazusunda kendini gösteren devamlı bir çile çekme haliydi.

Kefaret için de hacı olunurdu. Şayet bir inanan ya da rahip, vicdanına yük olan korkunç bir günahı (kutsala küfretme veya bir cinayet) itiraf ederse, uzaklığı kabahatin büyüklüğüne göre değişen bir hac yolculuğuyla cezalandırılabilirdi. Ortaçağda belirli sivil yargı mercileri de ağır cürümler (anne baba cinayeti, tecavüz vb.) için uzak bir hac yolculuğunu kabul ettirebiliyorlardı bazen, böylece suçluyu toplumdan uzaklaştırmış da oluyorlardı. Engizisyon mahkemeleri de kafirleri bu geçici sürgüne göndermekten geri kalmıyordu. O zamanlar yolculuk yapmanın zorlukları zaten peşinen bilindiğinden, hac yolculuğu kısmen katlanılabilir bir kefaret olarak görülüyordu, fakat bu yolculuk bazı ek şartlarla ağırlaştırılabiliyordu: yalın ayak veya pranga takarak yürümek gibi. Bazen suçun işlendiği silahın eritilip dövüldüğü demir ya da çelikten kelepçeler, ayların aşındırması ve ter yüzünden sonunda kırılırdı. Bu ağır koşullar olmasa bile, aylar boyunca yağmura, soğuğa ya da güneşe (zira hacı tamamen korunmasız olurdu) maruz kalmak gerçek bir cehennem azabına dönüşebilirdi. Şimdi olduğu gibi eskiden de ayaklar, yürüyüşün ardından açılan irinli yaralar ve ağrı dolu çatlaklar yüzünden birer ıstırap kaynağına dönüşürdü. Hacının manastırda karşılanmasıyla başlayan ayak yıkama ayini, rahiplerin İsa gibi mütevazı olmasından başka, hacının da özel bir itinayla yaklaşılması gereken bir figür olduğunu gösterirdi.

İnancı göstermek ve günahların kefareti dışında şefaat dilemek için de yürünürdü. Bir akraba, arkadaş yahut kişinin kendisi hastaysa, –dua etmenin mezarı ziyaret etmek, mezar başında dua etmek kadar etkili olmayacağı düşüncesiyle– bir azizin mezarına gidip ondan şefaat dilemek için de düşülürdü yola. Ama kutsal mekâna varılmadan evvel arınmak için uzun süre yürünmeli, acı çekilmeli ve çaba sarf edilmeliydi. Yorgunluk arındırıp kibri yok eder, böylece dua daha sahici kılınırdı. Kutsal mekâna varıldığında, yara bere dolu ayaklar ve kir pas içindeki giysilerle de vurgulanan bir tevazuyla şefaat dilenirdi. Acı çeken bizzat yürüyen kişiyse, mezara dokunup bedenini olabildiğince yaklaştırarak uzun süre öylece kalır, sonra o kutsal yerden yayılan iyileştirici güç hasta bedenine nüfuz etsin diye geceyi mezarın yakınındaki bir yere uzanarak geçirirdi.

Son olarak, inanan kişi kendisine bahşedilen bir iyilik için (huzura ermiş bir hayat, Tanrı vergisi bir yetenek, sağlığa kavuşmak) Tanrı'ya şükretmek adına da hac yolculuğuna çıkabilirdi. Nitekim Descartes kişisel aydınlanmasının ardından Paris'teki Notre-Dame-de-Lorette'e hac yolculuğu yapmıştı. Binlerce mütevazı inanan da kendileri veya yakınlarına dua etmek ve gerçekleşen dilekleri için Tanrı'ya şükürlerini sunmak amacıyla en yakındaki kutsal mekâna giderdi.

Hac mevzusunu daha iyi irdeleyebilmek için arketipleri birazcık arka plana almak gerek. Hacı zihnimizde şöyle bir temsil bulur: Elinde sopa, üstünde sade bir abayla fırtına ve yağmur altında yalnız yürüyen biri. Karanlık çökmüştür ve hacı büyük taş manastırın, çakan şimşeklerle bir anlığına aydınlanan devasa kapısını çalmaktadır. Halbuki gerçekte hac yolculukları güvenlik nedeniyle bir başına değil, küçük gruplar halinde ve şayet gidilecek yer çok uzaksa at üstünde yapılırdı. At üstünde yapıldıysa, son durak, yani kilisenin çan kulesi ya da katedralin kulesi belirince yere inip yolculuğu yürüyerek bitirmek şarttı. Yolculuğu ayaklarla nihayete erdirme zorunluluğu hacıya pek çok ders verirdi. Öncelikle İsa'nın yoksulluğunu ve tevazusunu hatırlatırdı. Yalın ayak yürüyen kişi yoksullar yoksuludur. Yoksulun tek zenginliği bedenidir. Yürüyen kişi toprağın evladıdır. Her adım yerçekimine boyun eğmektir, her adım bağlılığı gösterir ve toprağı, vaat edilen ebedi istirahatgahıymış gibi döver. Öte yandan yürümek acı vericidir, yılmadan çaba göstermeyi gerektirir. Bir kutsal mekâna acıyla arınmadan yaklaşılmaz ve yürümek sonsuza dek ebedi bir çaba ister.

•••

Hıristiyanların ana rotaları Roma ve Kudüs'tü. Hıristiyanlar için Kudüs üçüncü yüzyıldan itibaren asıl hac yolu haline gelmişti: İsa'nın yürüdüğü toprağı çiğneyip (Zebur'da denildiği gibi, *in loco ubi steterunt pedes eius*) Çile Yolu'nu takip ederek, gerçek Haç'ın tahtasına el sürmek, havarileriyle konuştuğu mağarayı görmek. Fakat büyük siyasi ve toplumsal çalkantılar bu yolculuğu zorlaştırmış ve çok geçmeden Roma daha güvenli bir istikamet olarak kabul görmüştü. Önde gelen iki havari Petrus ve Pavlus'un mezarlarının bulunduğu Roma, kurumsal Katolik Kilisesi'nin merkezi ve kalbi olmuştu. *Peregrinatio romana*yı gerçekleştirmek, Kilise'ye tam teslimiyeti ve Kilise'nin tarihi görevine bağlılığı simgelerdi. Daha sonra 1300'den itibaren büyük bağışlanma yılları [jübile yılları] ilan edilmişti. Bu yıllarda Roma'ya gidip, tapınaktan tapınağa belirli bir güzergahı tamamlamak (Aziz Petrus Bazilikası, Aziz John Lateran Bazilikası, Surların Dışındaki Aziz Pavlus Bazilikası...) hacının bütün günahlarının bağışlanmasını sağlardı. Yani Roma, hacı için Kilise'ye bağlılığı kanıtlama vesilesiydi, ama ayrıca bir kurtuluş yoluydu da.

Compostela bu önemli hac yollarının sonuncusuydu. Aziz Büyük Yakup'un (İsa'nın üç gözdesinden biridir ve Kral Hirodes'in emriyle boynu vurulup ilk şehit havari olmuştur) kemiklerinin müritleri tarafından bir gemiye yüklendiği ve geminin Galiçya açıklarında battığı anlatılır. Bunun üzerine ağır mermer tabut sahile taşınmış ve orada unutulmuştur, ta ki Pelagius isimli bir ermişin rüyasına giren meleklerin tabutun yerini gösterdiği o meşhur güne kadar. Bu yer her gece bir dizi yıldızla Pelagius'a işaret edilmiştir. Yeniden bulunan gömütün üstüne önce bir tapınak, sonra bir kilise ve nihayetinde de bir katedral inşa edilir. Kısa süre sonra Roma ve Kudüs'ün yanında kendine yer edinen bu kutsal mekân, en önemli hac merkezlerinden biri olur.

Çok sonraları ortaya çıkmasına rağmen bu mekânın hızla gelişmesinin asıl nedeninin ulaşım rahatlığı olduğu söylenir.

Söz konusu olan elbette başlıca azizlerden birinin ebedi istirahatgahıdır ama tercih edilmesinin nedeni, Petrus ya da Pavlus'un mezarlarına göre daha yakın değilse de, oraya ulaşmanın nispeten daha kolay (az eğimli tepeler, engebesiz bölgeler) olmasıdır.

Roma ve Kudüs... Her iki şehir de o kadar mistik özelliğe sahiptir ki, onlara varan yolların nasıl olduğu önemini yitirir. Buralardan yayılan ışık, yolda karşılaşılan zorlukların gölgesini dağıtır. Roma'da izlenecek güzergah şudur: Aziz Petrus Bazilikası'ndan Aziz John Lateran Bazilikası'na, Surların Dışındaki Aziz Pavlus Bazilikası'ndan Santa Maria Maggiore Bazilikası'na, Kudüs'ün Kutsal Haçı Bazilikası'ndan Surların Dışındaki Aziz Lorenzo Bazilikası'na. İlk şehitlerin tabutlarının sıralı olduğu uzun koridorlardan oluşan yeraltı mezarları ziyaret edilir. Uzun yolculuğun ardından asıl bağlılık yolu Ebedi Şehir'de başlar.

Kudüs'te başka bir durum söz konusudur. Hıristiyanların burada İsa'nın sırtında çarmıhla yürüdüğü Çile Yolu'ndaki [*Via dolorosa*] durakları tamamlaması gerekir. Kutsal Kabir Kilisesi'nde toplanıldıktan sonra Çile Yolu yürünür; Bahçede Istırap'a tanık olan, şehrin doğusundaki Zeytin Tepesi'ne tırmanılır; İsa'nın son gecesini geçirdiği Getsemani Bahçesi'nde dolaşılır; eteklerinde Aziz Petrus'un İsa'yı üç kere reddettiği yeri işaretleyen bir kilisenin bulunduğu Sina Tepesi'ndeki surların ardında kalan, Son Yemek'in yenildiği odaya ulaşılır. Hatta oradan iki saatlik yürüme mesafesindeki Beytüllahim'e, sonra kuzeye ilerlenerek İsa'nın çocukluğunu geçirdiği Celile Gölü kıyılarına ve Cebrail'in Meryem'e, İsa'ya hamile kalacağını bildirdiği mağaraya gidilebilir. Roma'daki gibi, Kudüs'te de asıl hac yolcuğu şehre varılınca başlar.

Santiago'da sadece bir katedral vardır; güneş ve yolun sonu gibi eşsiz olan, bir başına görkemle yükselen bir katedral. Son taş yığının oradan seçilmeye başlanır ve onu görür görmez atındaysa atından inen, yürüyorsa ayakkabılarını çıkaran (ne de olsa oraya büyük bir tevazu içinde varılmalıdır) hacı gözyaşlarına boğulur. Santiago'ya varmak kelimenin tam anlamıyla *sona* varmaktır. Zaten Compostela'yı böyle büyüleyici kılan da coğrafi konumu değil midir? Avrupa'nın en batısında (Thoreau'nun dediği gibi, yürümek Batı'ya gitmektir), dünyanın sonundadır (*finis terrae*: ötesinde uzun zaman sınır olarak görülmüş bir okyanusun uzandığı toprak). Santiago'ya gitmek için güneşle birlikte hareket etmek gerekir.

Santiago'ya giden yol ne Roma'ya ne de Kudüs'e giden yollara benzer. Bu lahite giden yolu katlanılabilir kılan bir gizemden bahsedilemez, tersine bu yolculuk insanı daraltır. Compostela'ya varmış olmak elbette başlı başına bir ödüldür, ancak yolculuğun insanda bıraktığı etkiyi gidermez. Santiago'ya varabilmiş olmanın yanında, oraya yapılan yolculuk nedeniyle de kişi takdir görür. Galiçya hac yolculuğunun mistik yönü, tapınağın yanı sıra yolun da kutsallaştırılmasından kaynaklanır. Yol, daha ziyade *yollar*... Oraya çıkan her yol farklı bir serüvendir. Compostela hac yolunun ortaya çıkışıyla birlikte belirlenmiş yollar, belirlenmiş aşamalar ve zorunlu uğrak yerleri kurulmuştur. Dört anayol ve sayısız ara yol vardır. Mecdelli Meryem mabedinin önünde toplanılıp İsa'nın ayaklarını kendi gözyaşlarıyla yıkamış bu kadın için gözyaşı döktükten sonra Vézelay'dan yola çıkılıp Noblat'a, "karanlıkta yaşayanların kurtarıcısı" Leonard'ın mezarına gidilir; Aziz Martin'in naaşının yattığı Tours'dan sonra, ilkin Vaftizci Yahya'nın kutsal başının (*venerandum caput*) bulunduğu Angély'de, ardından da yüz elli kasap tarafından öldürülen Aziz Eutrope'un naaşının etrafında toplanılan Saintes'te durulur; Sainte-Marie-du-Puy'den (*Via Podiensis*), bakire ve şehit Azize Foy'un mezarını ziyarete Conques'e gidilir; Aziz Gilles mabedinden çıkılıp Toulouse'da Aziz Sernin'in naaşı ziyaret edilir. On ikinci yüzyıldan kalma *Codex calixtinus*[48] içindeki "Compostela Hac Yolcusunun Rehberi", kimi keramet sahibi kimi şifacı azizleri, mezarlarına çıkan yollarla beraber sıralar. Aynı şeyi defalarca yineleyerek azizlerin huzuruna tekrar tekrar çıkma hali, yol üstündeki kiliselerin birbirine benzerliğiyle de perçinlenir. Yollara birbirini yankılayan tapınaklar serpiştirilmiştir, ayrıca hacıların geceleri başlarını sokabileceği manastırlar ve yolculuktan bitap düşenleri kabul edip, bazen onlara son tesellilerini veren bakımevleri de vardır. Yollar muhteşem de olsa bir türlü bitmeyen bir kitap gibi gelebilir insana. Ortaçağ edebiyatı tarihçisi Joseph Bédier, "Başlangıçta yol vardı," der. Başlangıçtan kastı anlatının, romanın, destanın başlangıcıdır. Bizim [Fransız] edebiyatımızın başlangıcına bakarsak hac yollarını buluruz. Bédier'ye göre destanlar burada, Compostela'nın tozlu yollarında yazılmıştır. Hac yolculuğu uzundu. İnsanlar geceleri konaklar ve yemekten yatma vaktine kadar, belki de bir gece önce başka bir yerde duyduğu bir hikâyeyi abartarak anlatırdı. Bu parça parça anlatılar zamanla bir araya gelerek büyük destanları oluştururdu. Compostela mucizesi tam da budur: Büyük azizin kerametini (*primus ex apostolis*) yol ile nihayete erdirmek.

48. Aymeric Picaud tarafından Compostela yolunu izleyecek hacılar için hazırlanmış resimli el yazması. –çn

Yenilenme ve Mevcudiyet

Bütün hac yolculuklarının ardında bir ütopya ve mit bulunur: yenilenme miti ve mevcudiyet ütopyası. Aziz Büyük Yakup'un, hac yolculuğunun erdemlerini bu kadar iyi temsil etmesinin, İsa'nın Tecellisi'nin ilk şahidi addedilmesinden kaynaklandığı fikri aklıma yatıyor. İnsanın kendi içinde yaşadığı dönüşüm, hacılığın mistik ideali olmaya devam ediyor: yolculuktan *değişmiş* olarak dönmeyi umut etmek. Kutsal mekânların yakınlarında çoğunlukla arınmayı sağlayan bir kaynak, bir akarsu veya bir nehir vardır; hacılar temizlenmek, kendilerinden arınmak adına suya girerler. Hinduların her yıl Ganj Nehri'nde yıkanmaları en bilindik örneklerden biridir.

Yürüyerek yeniden doğma ütopyasına verebileceğim örnekse, Tibet'teki Kailash Dağı'na yapılan hac yolculuğudur. Birçok Doğu dini, kocaman bir ovaya oturmuş buzdan bir kubbe olan bu ıssız ve görkemli dağı kutsal (evrenin merkezi) kabul eder. Hacılar Hindistan'ın büyük düzlüklerinden yola çıkarlar. Ardından buzlu geçitlerle derin vadilerin yer değiştirip durduğu Himalayalar'ı aştıkları yüzlerce kilometrelik bir yol katederler. Dağların bütün tehlikeleriyle yüz yüze gelen insanı yorgunluktan bitap düşüren bir yoldur bu. Hacılar kimliklerini, anılarını yavaş yavaş unutur ve yürümekten başka bir şey yapmayan birer bedene dönüşürler.

Bir geçidin ardından nihayet Purang Vadisi'ne varılır. Birdenbire bambaşka bir manzarayla, pırıl pırıl ve saydam bir bakirlikle karşılaşılır. Ne zirveleri kar kaplı karanlık kaya yığınları ne de beyaz sisle örtülü karaçam ormanları vardır artık. Toprakla göğün renk zıtlığından başka hiçbir şey yoktur. Dünyanın başlangıcından kalma, gri, yeşil ve bej bir bakirlik... Sırtındaki geçmişten kurtulan hacı bu berrak çoraklıkta ağır adımlarla yürürken, uzaktaki ışıl ışıl ve muntazam yeni dağ silsilesini görmüştür çoktan. Artık hiçbir şey değildir gerçekten; Gölgeler Dersi'nden onun payına düşen, kurşuni toprağa serpilmiş bu kara göllerle yaldızlı tepeler arasındaki yılankavi yollardır. Tanrılar Diyarı'na ulaşmak için son bir geçit daha aşması gerekir. Dinlenmeye çekilmiş buzdan bir güneş misali havada kımıltısız duran beyaz kubbenin hayranlık uyandıran görüntüsünden alır cesaretini: Kailash'ın zirvesidir kılavuzu. Beş bin metreden yüksek Gula Geçidi'ni aşar nihayet. Hacı gördükleri karşısında şaşkınlığa uğrar; bu manzara, ansızın beliren bu mutlak sınırsızlık şimşek gibi durmadan çakar, çakar ve nüfuz eder ruhuna. Aşağıda koyu mavi bir göl uzanır (Manasarovar) ve nihayet devasa, dingin bütünlüğüyle Kailash tam karşıdadır. Hava o kadar temiz, o kadar berraktır ki, en küçük ayrıntılar bile seçilir. Hacı, dünyanın göbeği, evrenin ekseni ve mutlak merkezi olan kutsal dağla yüz yüzedir. Bu görüntüden başı dönen hacı hem muzafferdir hem de mağlup. Görkemli manzaralar, onu yürüyerek fetheden kişiyi hem yere serer hem de muzafferane bir güçle doldurur. Bir yandan zafer çığlığı atmak, bir yandan yere kapanıp ağlamak ister. Bakışlarıyla hükmettiği dağın görüntüsü onu ezip geçer. Yürüyeni sarsan bu kararsızlık hali, birbiriyle çelişen bu hislerden ileri gelir.

Gelgelim, aylardır devam eden benlikten arınma sürecinin Kailash hacısının içinde oluşturduğu boşluk aniden dolar: İşte oradadır! Orada! Tam karşısında duruyordur! Bu duygu, binlerce hacının onunla aynı yorgunluğu ve coşkuyu tattığının kanıtı olan dört bir yandaki binlerce küçük taş yığınının (küçük bir piramit oluşturan üç, dört, beş taş) varlığıyla derinleşir. Hiç solmayan çiçekler gibi duran bu taşların varlığı muazzam bir etki yaratır: Her biri "Gel, gel," diyor gibidir, hareleri vardır, sanki hayaletler tarafından kuşatılmıştır insan.

Hacının yolculuğu henüz bitmemiştir, birkaç gün boyunca kutsal dağı tavaf edecektir daha. Doğu gelenekleri kutsal bir mekânı dua ederek tavaf etmeyi salık verir ve Kailash da doğal bir tapınak, tanrıların buzdan yonttuğu kutsal bir abidedir. Hacıyı son bir sınav daha beklemektedir: 5800 metre yüksekteki Dolma Geçidi'nin aşılması. Bu vahşi, buz tutmuş yükseklikler ulaşınca hacı durur ve taşların üstüne ölü gibi uzanıp, sevgide kusur ettiklerini düşünerek onlara dua eder, temelli ardında bırakacağı geçmişiyle barışır. Sonra kimliğinden ve geçmişinden temizleneceği Şefkat Gölü'ne (zümrüt yeşili Gauri Kund) iner. Döngü burada tamamlanır. Fakat hacı kendine değil, soyutlanmışlığa, maddi dünyaya karşı kayıtsızlığa, evrensel teveccühe doğar yeniden.

Hac yolculuğu bir kozmik yeniden doğuş ütopyası da barındırır içinde. Bu ütopya, Meksika'daki Huichol halkının gerçekleştirdiği büyük peyote yürüyüşü için bilhassa geçerlidir. Sierra Madre sıradağlarında yaşayan bu topluluk her yıl küçük gruplar halinde, halüsinatif etkilere sahip şifalı bir kaktüs olan peyotenin yetiştiği Potosi Çölü'ne kadar dört yüz küsur kilometrelik taşlı yolları yürüyerek kateder. Sonra topladıkları tomurcukları söğüt sepetlere doldurup şarkılar söyleyerek eve dönerler.

Yola çıkılmadan önce köyde özenli hazırlıklar yapılır, geyik avına çıkılır ve avlanan geyiğin kanı, yol boyunca tanrılara sunulacak armağanlara sürülür. Her yolcuya yolculuğunda taşıyacağı törensel bir isim verilir, her yolcunun kafilede sabit bir yeri vardır, her biri bir tanrıyı veya rolü temsil eder, herkes belirli zamanlarda su içmek dışında oruç tutar, sıkı bir cinsel perhize girer ve yolculuğun beşinci gününde topluluk önünde günah çıkarır. Bu hac yolculuğunun amacı, peyotenin yetiştiği Wirikuta'ya (Atalar Diyarı) ulaşmaktır. Geçmişten bugüne bu gelenek hiç bozulmamıştır. Bütün anlatıları, tüm korunma ve kurtuluş dualarını bilen şaman, kafileye kılavuzluk eder ve karşılaşılan manzaraları muazzam bir kitabın sayfaları gibi okur. Yolun kıvrıldığı yerde durup alçakgönüllü bir dilekte bulunur, sonra kutsal asasının tüyleriyle yeri süpürerek boş bir alan açar ki "Bulutlara Açılan Kapı"dan geçebilsin. Her kapı yeni bir kutsal alana geçiş sağlar. Yüzeyin coğrafi yapısının, ağaçların yerleşiminin, kayaların düzeninin bir hikâyesi vardır: Toprağa saçılmış şu kayalar dikkatsiz bir Ata'nın ardında unuttuğu oklardır; oradaki bataklık kümesi dünyadaki bütün pınarların kaynağını temsil eder (bu çamurlu su birikintisi bir tanrının ayak izidir, oradan da pınar fışkırır). Verilen bu uzun aralarda yolcular yıkanma ayini yapar, tanrıların armağanları yerleştirilir, su kıyılarına tüylü oklar dikilir. Sonra yolculuk kaldığı yerden devam eder, ta ki kupkuru bir tabiatın ortasındaki güneş dağına varana dek.

Atalar Diyarı dağın eteklerindedir. Hacıların bakışları ifadesizdir; mekân mitler ve kutsal varlıklarla doludur. Şaman büyük bir geyik gördüğünü söyler aniden. Herkes onun neden bahsettiğini anlar. Şaman, peşinde hacılarla, görüntünün belirdiği yere gelip bir oku toprağa fırlatır. Görünmez geyiğin boynuzları düşer ve düştükleri yerde büyük bir kaktüs çıkar ortaya. Böylece, Güneş Tanrı'nın, Geyik Tanrı'nın üzerine bir ışık oku yolladığı ve tanrının boynuzlarının toprağa düşerek o değerli kaktüse, peyoteye dönüştüğü hikâye tekrarlanmış olur. Peyotenin etrafında toplanılıp dualar eşliğinde bir dolu armağan sunulur, hacılar kendilerine gücü ve büyüsünden bahşetsin diye kaktüse yalvarır. Şaman ancak o zaman peyoteyi topraktan söker ve, "Yaşamı aramaya gelen sen, işte sana yaşam!"

diyerek her hacıya bir parça verir. Hacılar Wirikuta'da üç gün geçirir; sepetleri dolana kadar kutsal bitkiden toplar, akşamları biraz peyote yer ve gece geç saatlere kadar ayakta kalırlar (her birinin rüyası dikkatle tahlil edilir, bu sayede gelecek sene toplulukta ne gibi düzenlemeler yapılacağı belirlenir). Sonra eve dönüş için dört yüz kilometrelik yolu tepmeye başlarlar.

Huicholler bu yolculuğa kendilerine şifa veren, onları canlandıran bir kaktüsü toplamanın yanı sıra *dünyanın dönmeye devam etmesini sağlamak* için çıkar. Peyote Ateş Tanrı'yı temsil eder; Mısır ve Geyik'le birlikte kutsal üçlüyü oluşturur. Mitolojiye göre, gölgeleri ve ölümü alt etmiş kadim bir tanrı, Ateş ve Su güçleri dengelensin diye, kuru ve yağmurlu mevsimlerin birbirini takip etmesini sağlamak için düzenlemiştir ilk hac yolculuğunu. Yaşam bu paydaşlığa bağlıdır: Mısır hem su hem güneş ister. İlk hac yolculuğunu tekrarlamak kozmik dengeyi korumak ve evrensel sürekliliği kesin kılmanın bir yoludur. *Dünyanın dönmeye devam etmesi* için gereklidir yürümek. Hem kişisel hem de kozmik bir yeniden doğuş mitidir.

Hac yolculuğu bir mevcudiyet ütopyası da koyar ortaya. Hac yolculuğunun çoğunlukla kutsal emanetlere doğru yapıldığından bahsetmiştim. Hacı için mabede girmek gerçekten orada mevcut olmaktır: hakikaten orada, mermer örtünün altında kudretini hissettirerek yatan azizin; bir zamanlar Kurtarıcı'nın gölgesinin düştüğü ve varlığı orada ebediyen yankılanan küçük tepeciğin karşısında mevcut olmak. Simgeler, imajlar, temsiller yoktur artık: Gerçekten *oradadır.* Fakat oraya yürüyerek ulaşmalıdır insan, çünkü yürümek zaman alır ve insanı mevcudiyete hazırlar. Uzaklardan gelip bir dağın eteklerine ulaştığımızda, onu görmekle kalmaz, bedenimizde, kaslarımızda, tenimizde de duyumsarız. Görmek hissetmenin sadece başlangıcıdır. Bir taşıttan inip bir kilise, tapınak veya anıtın karşısında dikildiğimde onu yalnızca görür, detaylarını incelerim. Üstünkörü bir fikir edinir, bir kartpostala bakar gibi sadece görünüşüyle ilgilenirim. Orada gerçekten mevcut olmaksa zaman alan bir şeydir. Örneğin, Vézelay Manastırı'nı uzaktan, Avallon yolunun üstündeyken görmeye başlarız. Ardından tepecikleri aşa aşa yanına yaklaşırken, üzerine düşen ışığın onu nasıl dönüştürdüğüne tanıklık ederiz. Onu bir kaybeder bir buluruz. Yönümüzü şaşırdığımız endişesine kapılır fakat yürüdükçe hâlâ orada olduğunu ve bizi kendine çektiğini fark ederiz. Nihayet oraya varıp da heybemizi yere bıraktığımızda, durup karşımızdaki görüntüye uzun uzun bakma ihtiyacı hissetmeyiz çünkü tepeden tırnağa bu görüntüyle dolmuşuzdur zaten.

Derken hepten değişir günün çehresi. Bütün gün adını sayıkladığımız, şeklini şemailini uzun uzadıya hayal ettiğimiz bu yere yürüyerek varmış olmak, dönüş yolumuzu aydınlatır. Bu sapasağlam mevcudiyet hissi onca yorgunluğa ve hatta bıkkınlığa değer. Bütün bu yorgunluklar ve sıkıntılar, artık yaşanması gereken bir dolu eğlenceli andan ibaretmiş gibi gelir insana. Yürümek, zamanı geri döndürülebilir kılar.

Kinik Yaklaşım

Yunan bilge iyi bir yürüyüşçü müdür? Efsaneler öyle olduğunu söyler, zira onu genellikle ayakta, öğrencilerinin arasında dolaşırken, sonra öğrencilerini peşine takarak sütunlu ya da ağaçlı yolları arşınlarken, ara sıra durup etrafında dönerek başka bir istikamete yönelirken tasvir ederler. Raffaello da meşhur tablosu *Atina Okulu*'nda antik felsefecilerin tipik örneğini böyle resmetmiştir: İşaret parmağı önde, emin adımlarla dimdik yürüyen bir adam.

Bildiğimiz kadarıyla Sokrates bir an bile yerinde duramazdı. Bilhassa pazar yerlerinde gezerdi, çünkü pazarlar kalabalıktı. Hiç durmadan sorular sorduğu duyulurdu ta uzaktan. Ama onun asıl derdi yürümek değil, halka açık meydanlarda ya da stadyum civarında insanlarla konuşmaktı. Ksenophon *Memorabilia*'sında, "Sokrates hep göz önündeydi," der, "sabahları erkenden dışarı çıkar, *gymnasium*a ya da insan akınına uğrayan günlerde pazar yerine gider ve akşama doğru da en büyük kalabalık neredeyse orada olurdu." Buna rağmen Sokrates iyi bir yürüyüşçü değildi. Platon'un *Phaidros*'unda onun yürümeyi çok umursamadığını, kırsala da ilgi duymadığını görürüz: Doğanın ona söyleyecek pek bir şeyi yoktur.

Diogenes Laertios, Platon'un yürüyerek ders anlatmış olabileceğini üstü kapalı söyler. Aristoteles de "Gezenti" (Peripatosçu) lakabını muhtemelen aynı alışkanlığa borçludur, tabii bu lakabı ona ders verdiği yer dolayısıyla takmadılarsa, çünkü Aristoteles okulunu (Lykeion) İlisos nehri kıyılarında, sütunlu bir avlusu (*peripatos*) olan eski bir *gymnasium*a kurmuştu. *Peripatein* Yunancada hem "dolaşmak" hem "konuşmak" anlamlarına gelir, "dolaşarak sohbet etmek". Diogenes Laertios Aristoteles'in ince bacakları olduğunu ve yeterli sayıda öğrenciye ulaşır ulaşmaz oturmayı tercih ettiğini aktarır.

Stoacılar ise ayakta ders vermeyi çoktan bırakmışlardır; Epiktetos'un okulunda olduğu gibi, öğretmen kendisini kımıldamadan dinleyen ve sorular sorulan bir kitleye hitap eder. Telaşa ve fazla hareketliliğe gelemeyen Epikürcülerin de bahçelerde gizlenip büyük ağaçların gölgesinde sakince sohbet ettikleri düşünülebilir.

Gerçek anlamda yürüyüşçü oldukları söylenebilecek tek Yunan bilgeleri kiniklerdi.[49] Her daim başıboş ve aylak, sokakları arşınlayıp dururlardı, tıpkı köpekler gibi. Şehirden şehre, meydandan meydana, hep yoldaydılar.

Tavırları ve dış görünüşleri onları ele verirdi. Bir ellerinde sağlam bir sopa, omuzlarında hem örtü, hem manto, hem de içine girip uyudukları çatı vazifesi gören kalın bir harmani ve yanlarında da ıvır zıvırlarını taşıdıkları bir heybe olurdu. O kadar çok yürürlerdi ki ayak tabanları köseleye döner, ayakkabıya ya da sandalete ihtiyaç duymazlardı bile. Ortaçağ hacılarının yanı sıra bilhassa dilenci tarikatlarının vaizleri onlara benzerdi. Ancak kinikler bir şeyler öğretmek için değil, insanları kışkırtmak, kaygılandırmak için yürürlerdi. Vaaz vermez, hicvederlerdi. İnsanları aşağılar ve dehşete düşürürlerdi.

Dış görünüşlerinden başka, konuşma üslupları da ele verirdi onları. Aslında pek konuştukları söylenemezdi, daha ziyade *havlarlardı*. Üslupları kaba ve saldırgandı. Günlerce yürüdük-

49. "Kinik" ifadesi Yunanca *kunos*, yani "köpek"ten türemiştir. Yaşam biçimi son derece kaba olan, kalabalıklara sövüp saymayı ve dünyanın riyakarlıklarını ifşa etmeyi meşgale edinmiş kişiyi ifade eder.

ten sonra halka açık bir meydana vardılar mı, insanlar onların bağırışlarını, kendinden geçmiş kalabalığın kafasını nasıl ütülediklerini duymak için oraya akın ederlerdi. Herkes bu öfke dolu konuşmalardan hem büyük keyif duyar hem de belli belirsiz tedirgin olurdu, çünkü alışkanlıkları, davranışları ve inançları yüzünden suçlanıp eleştirildiklerini hissederlerdi. Gel gelelim bunlar bilgeliği ve ahlakı tersten anlatmaya çalışan söylevler de değildi. Kinik kısa kısa, öfkeyle havlardı durmadan. Çoğunlukla şakayla karışık iğnelemeler ve çamur gibi etrafa saçtıkları beddualardan oluşan bir dizi söylevdi bunlar.

Bütün uzlaşmalar ve inançlar yuhalanır, dalga konusu olur ve yerin dibine geçirilirdi. Evlilik, hiyerarşiye saygı, açgözlülük, bencilik, kabul görme çabası, korkaklık, alışkanlıklar, sefahat, hırs... Hepsi göçebe bakış açısıyla topa tutulur, yargılanır, küçük düşürülürdü.

Kinik felsefe, yürüyüşçüyle, o "hiçbir yerde kök salmama" halinin dışında da pek çok açıdan benzeşir. Büyük hac yolculuklarının yarattığına benzer bir etki şehrin içine taşınır ve infilaka sebep olur.

•••

Kiniğin incelikten uzak yaşantısı öncelikli olarak doğa tecrübesiyle kendini belli eder. Göz önünde bulundurmak gerekir ki doğanın en şiddetli, hatta vahşi halini göğüslemiştir: dondurucu rüzgârlar, kamçılayan yağmurlar, kavurucu sıcaklar. Yürürken bütün bunlara karşı savunmasızdır, yoksul, çıplak ve bir çatıdan mahrumdur. Fakat bu ilkelliğin içinde bir *hakikati* yeniden keşfetme olanağına kavuşur. Hakikat şudur ki doğa güçlü bağlarıyla sımsıkı direnir ve hiçbir şeyden etkilenmez. Doğanın hakikati karşı konulamazdır ve enerjisi onu oluşturan elementlerden gelir.

"Masa başı felsefecisi" diye adlandırabileceğimiz felsefeci, şeylerin görünümüyle özleri arasındaki zıtlıkları ifşa etmekten zevk alır. Görünüm perdesi ardında saklı özü ve saflığı ayırt etmek ister, ama dünyanın renklerini bir yana bırakıp bunu kendi düşüncelerinin ne kadar da derin olduğunu göstermek için yapar. Maddi olan şey aldatıcıdır, değişken ve görecelidir, beden bir kılıftır, hakikatse ruhta, fikirde ve zihinde gizlidir.

Kinik bu bilindik zıtlaşmanın dışına çıkar. Görünümlerin ardında ne bir hakikat arar ne de kendine bir hakikat yaratır. Daha ziyade, hakikati içkinliğin alışılmadık doğasından çekip çıkarır; dünyanın maddi görüntüsünün hemen altında, onu taşıyan sütunların izini sürer. Doğadan; güneşten, rüzgârdan, topraktan ve gökyüzünden daha hakiki bir şey yoktur; onların hakikati de sonsuz enerjilerinde saklıdır. Yerinden kıpırdamayan felsefecinin ebedi anlaşılabilirlik içinde bir sığınak bulmak adına göz ardı ettiği maddilik, o ne kadar umursamasa da, hâlâ karmaşık ve çok çeşitlidir. Her şey iç içe geçmiştir: evler, ormanlar, anıtlar, uçurumlar... Kiniklerse görünümlerin ötesine geçmekte aceleci davranmazlar. Özgün çilecilikte şeylerin ardına değil içine bakılır, maddi olan kazılıp gösterdiği direnç hissedilerek, enerji gibi doğallığı şüphe götürmeyen özüne ulaşılır.

Ancak bu keşfin kiniği teşvik etmesinin sebebi, onun siyasi içeriğinden gelir (çünkü o sadece Varlığın nefesiyle yaşayan bir ermiş değildir). Bu keşifle, kendi iç zenginliklerinin üstüne kapanmış kambur felsefecilerin debdebeli olduğu kadar gülünç duruşları bozulmalı; içlerinin hakikatten nasıl da yoksun, verdikleri derslerin ve kaleme aldıkları eserlerin nasıl da yüzeysel olduğu ortaya dökülmelidir. Hakikat doğayı en vahşi, en ilkel haliyle tecrübe ettiğimizde ortaya çıkar; rüzgâr tenimizi dövdüğünde, güneş başımızı döndürdüğünde, şiddetli fırtınalar bizi savurduğunda. Bunları yaşamak, bilgeyle ve bilgenin yüzündeki o meymenetsiz sırıtışla dalga geçen ilkel enerjiyi kavramaktır aynı zamanda.

•••

Göçebeliğin getirdiği ikinci deneyim çiğliğe ilişkindir. O dönemdeki birçok yazar kiniklerin rezil bir şekilde çiğ etle beslenmelerinden bahseder sık sık. Diogenes canlı bir ahtapot yedikten sonra ölmemiş midir? Fakat mesele sadece gıdalarının değil, konuştukları dil ve takındıkları tavırların da çiğ olmasıdır.

Davranışlarındaki ve yaşam koşullarındaki bu çiğlik, bu kabalık başka bir bilindik zıtlığa karşı kullandıkları bir savaş makinesi olup çıkar. Oturan felsefeci doğal ile yapay olanı birbirinden ayırmaya bayılır. Kiniklerin doğa dediğiyse, şeylerin kendi özünü yansıtması, varlıkların tanımlarının hakkını vermesidir. Yapaylık, yani söylevlerin, toplumsal düzenlemelerin, siyasi kanunların yapaylığı benliğin bu saf, şeffaf halini puslandırır. O halde, her daim, bize sunulanları değil, bunların ardında sükunutle varlığını sürdüren hakikati aramak gerekir.

Kinik, doğanın özünü çekip çıkarmakla kalmayıp, doğal olanı da altüst etmiştir. Onun için doğa çiğ olandır. Çiğ olan doğal halde olandır. Doğa derken, sadece imgelemde yaşayan, müphem hakikatler arasında sıkışmış ütopyavari bir doğadan bahsetmiyorum. Çiğ demek, vahşi, ket vurulamayan, uygarlaşmamış; kiniklerin kaba, kepaze, arsız, acımasız doğası demektir. Beden, gelenekleri ve kuralları umursamadan işler. Çıplaklık çiğdir. Sıçmak ve mastürbasyon çiğdir. Yemek sadece mideyle alakalı bir meseledir; mide dolar ve boşalır, o kadar. Köpek uyumak veya ihtiyaçlarını karşılamak için usuller geliştirmez, sadece uyur ve ihtiyaçlarını giderir. Diogenes bir gün bir şölen yerinin yakınlarında dolaşırken kalabalığa sövüp saymaya başlayınca, kalabalıktan biri, bir köpeğe atar gibi, üstünde et olan bir kemik atar önüne. Diogenes kemiği kaptığı gibi hapır hupur kemirir, sonra da masanın üstüne çıkıp eğlence düşkünlerinin üzerine işer: "Sizin gibi yer, sizin gibi işerim beyler."

Kinik ahlaksız değildir. O sadece insanların iyi eğitim diye yutturduğu her şeyi, öğretilmiş değerleri, doğadan bahsederken takındıkları riyakarlığı ifşa etmek için bedeninin en basit biyolojik işlevlerinden yararlanır. Doğa, yerinden kıpırdamayan felsefeciler yüzünden, toplumsal uzlaşımların ve kültürel kalıpların bir nevi diplomasi bavulu haline gelmiş, her şey gizliden gizliye halledilmiştir. Çiğ ise devrimcidir.

•••

Üçüncü olarak, kinik dışarıda yaşar. Bazen denk geldiği bir fıçının içine girebilir tabii, ama neticede bir evi yoktur. Harmanisine sarınıp hendeklerin içinde veya duvar kenarlarında uyur. Sadece doğaya değil, insanların bakışlarına da maruz kalır. Ortalık yerde yer içer, herkesin gözü önünde tıpkı Krates ile Hipparkhia gibi oynaşır.

Kiniklerin sarıldığı bu "dışarı", özelle kamu arasındaki bilindik zıtlığı bozar. Bu ayrım, yani dışarının enginliğinden korunan iki kapalı çemberden birini seçmek, yerinden kıpırdamayanların ilgi alanına girer. Özel olan, eşlerin birbirine karşı şehvetinin mahremiyeti, gizli arzular, duvarların müdafaası, mülkiyettir. Kamusal olansa hırs ve tanınmışlık, kabul görme yarışı, başkalarının yargısı, toplumsal kimliklerdir.

Ama kinik *dışarıdadır.* Özelin bayağılıklarıyla kamusalın kötülüklerini aynı kefeye koyabilir çünkü başka bir yerde, insanların dünyasının dışındadır. Dışarıda olduğu için, içten pazarlıklardan ibaret özel ile kamuyu elinin tersiyle itebilir, onlarla dalga geçebilir ve onları yuhalayabilir.

•••

Yürüyen kiniğin hayatının düşündürdüğü son şey zaruri olanla alakalıdır. Zaruri olan, kaçınılmaz olan anlamına gelmez; fark edilir, kavranır, çekip çıkarılır. Burada söz konusu olan yine geleneksel bir zıtlığı yıkmaktır. Zıtlık bu defa kullanışlı olanla fuzuli olan arasındadır. Yazı masasına eğilmiş felsefeci uyumak için bir yatağın kullanışlı olacağını ama sayvanlı karyolanın fuzuli olduğunu veya serinlemek için içeceği bardaktan içmenin işe yarayacağını ama altın bir kupanın fuzuli olduğunu söylediğinde kendini çok düşünmüş sayar. Kinikler içinse boş ayrımlardır bunlar çünkü bir şeyin zaruri olup olmadığının anlaşılmasını sağlamazlar.

Bir gün bir çeşmede suyu avuçlarıyla içen bir çocuğa rastlayan Diogenes bir an durduktan sonra şaşkınlıkla, "Diogenes", der, "aldın mı boyunun ölçüsünü?" Bereketsiz heybesindeki ahşap kupayı çıkarıp muzafferane bir gülümsemeyle uzağa fırlatır. Mutludur, çünkü bir yükten daha kurtulmuştur.

İşte zaruri olan da budur; çileci bunu zamanla çekip çıkarır. Burada mevzu, koltuklarına yapışmış felsefecilerin yaptığı gibi, sırtımıza yük olan fuzuli zenginliklerden kurtulmak gerektiğini söylemek değil, kullanışlı şeyi, zaruri olanı bulana dek kazmaktır. Sadece idareli olmak anlamına gelmez bu; azla yetinmek, dikkat etmek de demektir. Zaruri olan dışında hiçbir şeyi kabul etmemek daha ağır, zor ve zahmetlidir. Bu dönüşüm bizi tevekkülün de ötesine götürüp bağımsızlığımızı mutlak kılar. Kullanışlı olanın içinde ulaşılan bu "zaruri şey", mahrumiyetin anlamını tepetaklak eder.

•••

Yürüyen kraldır, dünya da onun krallığı. Zaruri olanı bir kere kavradınız mı, bir daha mahrum kalmazsınız ondan, zira o her yerdedir, herkese aittir ve kimsenin malı değildir. Böylece kinik son dönüşümünü tamamlar; yoksulluktan refaha geçer.

Epikürcülerin çoktan gösterdiği üzere, yokluk hissetmeyen kişi zengindir. Kinik hiçbir şey için mahrumiyet hissetmez çünkü zaruri olandan haz alabilmeyi keşfetmiştir: boylu boyunca uzanıp bedenini dinlendirebileceği toprak, dolaşırken bulduğu yiyecekler, dam olarak yıldızlı bir gök ve su içeceği pınarlar. Kullanışlıyla fuzulinin çok çok ötesindedir zaruri olan; bir anda kültürel nesneler dünyasının ehemmiyetsizliğini, insanı yabancılaştırdığını, *verimsizleştirdiğini* ve ayaklara bağ olduğunu görünür kılar.

Ben, der kinik, zenginlerin en zenginiyim çünkü dünya benim krallığım. Benim mülkiyetlerimin sınırı yok. Evim bütün evlerden çok daha büyük veya şöyle ifade edeyim, dilediğim kadar çok evim var benim. Kaya oyukları, dağlardaki mağaralar, hepsi benim. Kilerimde herkesinkinden çok yiyecek ve içecek var; ben pınarların suyuyla beslenirim.

Kinik için sınırlar yoktur, çünkü yürüyebildiği her yer onun evidir. Dünya vatandaşıdır o; kaybedecek bir şeyi olmadığından nihayet her şeyi kazanmayı tasavvur edebileceği için değil, doğa, zaruri şeyler ve dünyanın çiğlikleri gani gani ayaklarının altında uzandığı için. Kiniğin krallığı, ideal bir gelecek kozmopolitizminin tasarısı, düzenleyici bir fikir, kurgusal bir dünya ya da vaat değildir. Kinik kök salmayarak elde eder bu krallığı. Hiçbir şeye tutunmaz, hiçbir şeye bağlanmaz. Tamamen özgür kalarak, kıskanılacak zindeliğini, herkesin istifade edebileceği egemenliğini fütursuzca sergiler. Siz kim oluyorsunuz da bana ders vermeye kalkışıyorsunuz, der. Ben dünya vatandaşıyım, size de ta buralardan sesleniyorum.

> Bana bakın, evim yok, vatanım yok, servetim yok, hizmetçilerim yok. Yerde uyurum. Ne karım, ne çocuklarım, ne

kafamı sokacak bir barınağım var. Sadece toprak, gökyüzü ve bir de eski bir harmani. Ee, neyden mahrumum ki ben? Keder, korku işliyor mu bana? Özgür değil miyim şimdi ben?[50]

50. Epiktetos, *Entretiens*, III, 22, 47-48 ("Kiniğin Portesi"), çev. A. Jagu ve J. Souilhé, Les Belles Lettres, Paris, 1943.

İyi Olma Halleri

Neşe, haz, huzur, mutluluk... Günümüzde hepsi aynı kefeye konuyor. Antik Yunan bilgeleri bu iyi olma hallerini birbirinden ayırmaya büyük özen gösterirdi ve felsefe okulları da birbirinden ona göre ayrılırdı. Bir süreliğine, bütün felsefe okulları bilgeliğin herkese kendi varlığının ışığını bulma olanağı vermesi gerektiği yönünde hemfikir olsa da, hayatın anlamı olarak görülen ve üstüne çokça düşünülmüş bu halin tanımı üzerinde fikir ayrılıklarına düşmüşlerdir. Kireneliler, Epikürcüler, Şüpheciler, Platoncular, hepsi de bu iyi olma halini neşe, mutluluk ya da huzura dayalı olarak birbirinden tamamen farklı şekillerde tanımlamışlardır.

Fakat yürüme deneyiminin bu farklılıklarla alakası yoktur. Yürümek iyi olma hallerini farklı durumlara göre farklı derecelerde hissetme şansı vermek suretiyle bütün olasılıklara açıktır. Yürümek bütün büyük kadim bilgeliklere iyi bir girizgahtır.

Öncelikle hazzı ele alalım. Haz bir karşılaşma meselesidir. Bir bedenle, bir doğa gücüyle, bir maddeyle karşılaşınca ortaya çıkması muhtemel bir histir. Haz sadece hoşa giden, tatlı, eşsiz, olumlu anlamda ani, vahşi duygularla ilgilidir. Her zaman duyularla alakalıdır ve her zaman coşmak için tetikte bekleyen, bedenlerimize kayıtlı şeylerle açığa çıkar. Haz bedenlerimizde tetikte bekleyen hisleri ateşleyecek şeye kavuşmaktır.

Hazzın sıkça irdelenen kötü yanı, tekrarın onun yoğunluğunu azaltmasıdır. Beni tatmin eden o şeye ikinci seferde daha büyük coşkuyla atılırım çünkü kendimi gelecek hazza önceden hazırlamışımdır. Onun her boyutunu keşfetmeye, tek bir detayını kaçırmadan tadına varmaya çalışırım. Bunu üçüncü, dördüncü sefer izler, böylece o da bilindik, alışılmış şey olur. Aynı meyve, aynı şarap, aynı temastır belki ama izleri belli belirsiz bedenimdedir; artık bedenimde güçlü bir etki bırakmadan geçer gider. Hazda aranan bu yoğunluktur işte; hissetme melekelerinin şaşkına döndüğü, uyandığı, çalkalandığı, uyarıldığı o an. Tekrarla birlikte yavanlaşır, tazeliğini kaybeder, meşakkatli görünür, bayağılaşır. Bu noktada şu iki stratejiden birini seçersiniz: çeşitlilik ya da nicelik. Ya türleri değiştirip farklı çeşitlilikler bulur, ya başka tarzlara geçer ya da dozu artırırsınız. Bu stratejiler ilk uygulandığında biraz işe yarar. Azalmış yoğunluğun bir kısmı yeniden kazanılır. Fakat bu etkiler için fazla beklentiye girilir ve hazzı öldüren de beklentidir.

Yürürken de bu hazzı karşılaştığımız şeylerden alırız. Karadut ve yaban mersinlerinin kokusundan, yaz güneşinin tatlılığından, akarsuların ferahlığından. Daha önce karşılaşmadığımız her şeyden. Yürümek, bizi hissizleştiren hastalığı yol boyunca karşılaştığımız bu gibi şeylerle iyileştirir, tıpkı azar azar ilaç zerk eder gibi.

•••

Neşe ayrı bir haldir; pasifliği az ve talepkarlığı fazladır, yoğunluğu az ve bütünlüğü fazladır, kapsamı daha dar olsa da zenginliği fazladır. Yürürken bir faaliyete duyulan bağla tecrübe edilir neşe. Aristoteles ve Spinoza'da da aynı temel düşünce vardır: Neşe bir olumlamaya eşlik eder.

Üzüntüyse pasifliktir; ben *yapamadığımda* belirir. Kendimi zorlarım, elim kolum bağlıdır, her şey bana karşıdır. Sebat ederim, zorlarım. Yeniden başlarım ama üstümde yine aynı ölü toprağı vardır: *yapamama hissiyatı*. Daha boş bir sayfaya bakarken tükenirim, çok zordur. Kelimeler aklıma gelmez, tıpkı sarsak ve grotesk kalın derili hayvanlar gibi ayak sürüyüp birbirleriyle çarpışarak, düzensiz bir sırayla bozuk cümleler oluştururlar. Spor müsabakalarında bir şeyi yapamamak da bunun bir örneğidir; insan kendini zorlar, bacaklar birer direk ve beden de örstür sanki. Ona söylenen hiçbir şeyi yapmayıp karaya oturur, biçimsiz bir kütleye dönüşür. Keza bir müzik aletiyle cebelleşe cebelleşe hevesin kırılması da böyledir; parmaklar yanıt vermez, tokmak gibi ağırlaşmıştır. Şarkıcının sesi kayar, detone olur. Ses çatlar. Ya da aşırı çalışmadan bıkmak da öyledir; çok fazla tekrar ister, çok katmanlıdır. Makineyi can sıkıntısına ve yorgunluğa karşı durmadan iteklemek gerekir. Hiçbir şey fayda etmediğinde, üzüntü peyda olur. Engellenmiş, kösteklenmiş, karşı çıkılmış, rayından çıkmış bir olumlamadır üzüntü.

Zor bir eylemi gerçekleştirmek zorunda olduğumda yeniden başlarım, inat ederim ve nihayetinde eylem gerçekleşir. Bundan sonra aynı şey bana gitgide daha kolay gelir. Her şey daha çabuk ve rayında gider. İdman yaparken bedenin başlangıçtaki hamlığını atmaya benzer bu. Zamanla beden hafifler, bir *yanıt verir.* Neşe bir şeyi sonucuna erdirmenin verdiği haz, bir zafer duygusu veya başarıya ulaşmanın tatmini değildir. Ustalıkla harcanan bir enerjinin göstergesi, bağımsız bir olumlamadır: Bu halin içinde her şey mümkün görünür. Neşe bir faaliyettir; zor olan ve zaman alan şeyi kolaylıkla icra etmek, zihnin ve bedenin melekelerini olumlamaktır. Bulduğunda ve keşfettiğinde düşünceye dolan neşe, bir işi çaba sarf etmeden yaptığında bedene dolan neşe. İşte bu yüzden hazzın aksine neşe tekrarlarla artar ve zenginleşir.

Yürürken sürekli duyulan gümbürtüdür neşe. Elbette yer yer çaba sarf etmek zorunda kalabilir, güçlüklerle karşılaşabilirsiniz yine. Ayrıca gönül rahatlığıyla dolu anlarınız da olacaktır, inip ardınızda bıraktığınız dik yamaca gururla bakmak mesela. Fakat bu tatminler çoğunlukla yeniden nicelikler, puanlamalar, sayılar dünyasına girilmesine sebep olur (Hangi yol? Ne kadar uzun? Hangi yükseklikte?). İşte o zaman yürümek yarışa dönüşür. Dağlarda yapılan uzun yürüyüşler (her biri ayrı bir mücadele olan dorukları fethetmek) bu yüzden her zaman hafiften kirlidir, çünkü narsisistik tatminlere yol açar. Caka satmayla alakası olmayan yürüyüşe, bedeni en eski doğal eylem içinde hissetmenin getirdiği basit neşe hâkimdir. İlk adımlarını atan bir çocuğun bir ayağını diğerinin önüne koyarken ışıldayan yüzüne bakın. Siz yürürken sürekli gümbürdeyen neşe, bedenin bu hareket için nasıl da biçilmiş kaftan olduğunu, her adımda bir sonrakinin enerjisini nasıl da yakalayıverdiğini hissetmekten ileri gelir.

Hatta yürüme eyleminin ötesinde ama yine onunla uyumlu olan, doygunluk şeklinde tecrübe edilen yaşama neşesi vardır bir de. Bütün gün yürüdükten sonra bacakları uzatıp dinlenmek, sade bir yemekle karnı doyurmak, hafif bir şeyler içmek ve biten günü, tatlı tatlı çöken akşamı seyretmek...[51] Karnı doymuş, susuzluğu dinmiş, ağrıları saymazsak huzura ermiş bir beden, yaşadığını hissediyor olmak, duru bir yoğunluğa ve sahici bir alçakgönüllülüğe sahip neşenin en büyük kaynağıdır: yaşamanın, *burada* olduğunu hissetmenin, kendi varlığıyla bu dünyanın varlığının uyumunu tatmanın verdiği neşe. Ne yazık ki pek çoğumuz, uzun zamandır doygunluğa ulaşmanın nesnelere sahip olmaya ve toplumsal itibara dayandığı inancını aşılayan kötü imajların tuzağına düşmüş durumdayız. Aslında çok yakınımızda ve çok basit olan –ve belki de bu yüzden zor görünen– neşeyi aramaya çok uzaklardan başlarız. Halbuki biz çoktandır bunun ötesindeyiz, hep ötesindeydik. Yürüme deneyimi bu durumun yeniden fethedilmesini sağlar, çünkü bedeni,

51. Rimbaud'nun "Yeşil Meyhanede" adlı şiirinde söylediği gibi: Mesut mu mesut, bacaklarımı masanın altına uzattım.

neşenin yanı sıra can sıkıntısı ve yorgunluk da veren uzun süreli bir faaliyete maruz bırakmak, sonrasında beden dinlenirken, doygunlukla ve bu defa daha derinden gelen ve daha gizli bir olumlamayla (beden sakince soluk alıp vermeye devam etmektedir, hayatta ve buradasınızdır) ilişkili ikincil bir neşenin daha belirmesine yol açar.

•••

Yürürken belki de adına "mutluluk" diyebileceğimiz bir şeyi yakalarız. Yazarlar ve şairler onu büyük düşünürlerden daha iyi anlatmışlardır, çünkü mutluluk bir karşılaşma meselesidir ve duruma bağlı olarak yoğunluğu değişir. Yaban meyvelerini tadını çıkara çıkara yemekten ya da bir esintinin yanakları okşamasından alınan *haz*. Yürümenin, "bir başına" ilerlediğini hissetmenin verdiği *neşe*. Yaşamanın tattırdığı *doygunluk*. Günbatımında mora çalan vadinin manzarası, bütün gün keskin güneşin altında ezilmiş renklerin nihayet birkaç dakikalığına da olsa altın rengi ışıkla ortaya çıkıp nefes aldığı o mucizevi yaz akşamlarının yaşattığı *mutluluk*. Ardından, yürüyüşlerde karşılaşan ve bir çatı altına hep beraber sığınabildikleri için sevinen insanların akşamına eşlik eder mutluluk. Fakat bunların hepsinde almaya, kabul etmeye ilişkin bir şey vardır. Mutluluk kendini bir manzaranın, bir ânın, bir ortamın alıcısı olarak bulmayı ve ânın lütfünü almayı, kabul etmeyi, yakalamayı gerektirir. Bunun ne yolu yordamı vardır ne de hazırlığı; sadece an geldiğinde orada olmalıdır insan. Öbür türlü başka bir şeye, bir şeyi başarmış olmanın tatminine, zaten bildiğiniz şeyi yapmış olmanın neşesine dönüşür. Mutluluk tekrarlanamaz olduğu için hayli kırılgandır; mutluluk anları nadirdir, bu anlar dünyanın kumaşındaki altın iplere benzer, onları yakalamak gerekir.

•••

Son iyi olma hali *huzurdur.* Bu da farklı bir mevzudur; kayıtsızlıkla merak, reddetmeyle olumlama arasındaki dengedir. Ruhun her yönüyle dengede bulunması halidir. Yürüyüş, birbirini izleyen dinlenme ve hareket anlarında gizliden gizliye, ağır ağır huzurun kapısına çıkar. Huzur belli ki yürüyüşün yavaşlığına, bütünüyle tekrarlardan müteşekkil olmasına bağlıdır; kendinizi ona *teslim etmeniz* gerekir.

Korku ve umudun yarattığı tedirgin dalgalanmalardan kurtulmuş olmak ve hatta kendini bütün kesinliklerin ötesine konumlandırmaktır huzur (çünkü kesinlikler savunulur, tartışılır ve inşa edilir). Günübirlik bir yola çıktığınızda ve bir sonraki aşamaya varmanın kaç saat alacağını bildiğinizde, yürümekten ve yolu takip etmekten başka bir şey yapmazsınız. *Yapacak başka hiçbir şey yoktur.* Her halükârda bu vakit alacaktır; her adım saniyelerin üzerinden atlayacak ama saatleri kısaltmayacaktır. Her halükarda akşam gelecek ve bacaklar aşılması imkânsız mesafeyi azar azar yiyip bitirmiş olacaktır. Kaçınılmaz etkileri olan bir kaçınılmazlıktır bu. Karar vermeye, düşünmeye, hesaplamaya gerek yoktur. Tek yapılacak şey yürümektir. Belki ileriyi düşünebilirsiniz, ama yürürken her şey yavaşlar; tahminler, beklentiler cesaretinizi kırar. O halde yolculuğun bu ayağını bitirmek için kendi temponuzda yola devam etmeniz gerekir sadece. Huzur yalnızca yolu takip etmekten gelir. Sıkıntı ve trajediler, yaşamlarınız ve bedenlerinizdeki boş tarlaları eşeleyen şeylerdir. Siz uzaklarda yürürken bütün bunlar, durumunuzla alakasız ve müphem oldukları için rafa kalkar, bu yüzden huzur sizi yürürken yakalar. Büyük tutkuların yarattığı yorgunluğun, stres altında ezilen harala gürele yaşamların tatsızlığınının yerini sadece ama sadece yürüyüşün amansız bitkinliği alır. Huzur artık hiçbir şey beklemiyor olmanın, yalnızca yürümenin, yalnızca ilerlemenin hissettirdiği tazeliktir.

Melankolik Aylaklık
Nerval

Gérard de Nerval'in eserlerinde bol bol yürür insanlar. Dolaşır, hatırlar, hayal kurar, türkü tuttururlar:

> Cesaret, dostum! Cesaret!
> Köye yaklaştık işte!
> Karşımıza çıkan ilk evde,
> Bir güzel dinleneceğiz elbet![52]

Kütüphanede –nadir elyazmalarını arayarak, soyağaçlarının izini sürerek, tarihin boşluklarını doldurarak– geçen uzun çalışma saatleriyle yazı yazmakla (Dumas'nın tabiriyle "şu olanaksız kitapları" yazmak) veya sadece yazılarını çoğaltmakla geçen uzun saatler; az sayıdaki arkadaşına yaptığı ziyaretlerle tiyatroda Biricik'i (uzaktan, tutkuyla sevdiği aktris Jenny C.) arzulayarak geçirdiği akşamlar arasında kalan zamanda yürüyüşe çıkardı Nerval.

Almanya, İngiltere, İtalya, Hollanda ve Doğu'ya (İskenderiye, Kahire, Beyrut, İstanbul) yaptığı seyahatlerden değil, daha ziyade Paris sokaklarında Montmartre'tan inip Les Halles'nin sokaklarında kaybolduğu yürüyüşlerden; Ermemonvil-

52. Gérard de Nerval, *Les Filles du feu*, Gallimard, Paris, 2005. [Türkçesi: *Ateşin Kızları*, çev. Erdoğan Alkan, İthaki Yayınları, İstanbul, 2005.]

le ya da Mortefontaine ormanlarında, Pont-Armé, Siant-Laurent korularında ve Aisne veya Thève kıyılarında (her zaman Jean-Jaques'ın Peupliers adacığındaki "eski ve sade" mezarına uğrardı) yaptığı uzun gezintilerden bahsetmek istiyorum. Nerval'in manzaraları şatolar, siperli kuleler, yeşil vadilerde salınan kırmızı çalılıklar, günbatımlarının turuncu yaldızlarından mürekkeptir. Sıra sıra ağaçlar vardır. Uykuya yatmış gibi sakin manzaralar. Her yerde hayaleti andıran maviye çalan sabah sisi. Sönük sarı ekim akşamları. Bir rüyada gibi, yavaşça, az engebeli olduğu için çaba harcamadan yürünür oralarda. Solmuş yaprakların hışırtıları çalınır kulaklara.

Nerval'in yürüyüşlerinde melankoli duygusu vardır; isimlerin, anıların melankolisi (tıpkı *Ateşin Kızları* ve *Promenades*'ındaki gibi). Yürüyüşün sonunda küçük bir köye ulaşırsınız. Sisin örttüğü koruluklardan geçerek sonbahar ışıklarıyla yıkanan köye varırsınız. Yıllardır buranın ismini düşlemişsinizdir: Cuffy, Châalis, Loisy, Othis... Melankolinin hafifliği: Hep muğlak ve düzensiz bir ışıkta Nerval'le yapılan yürüyüş, zihni itinayla kucağına alır ve canlanan anılar onu sallar. Böylece bu hafif, insanı zorlamayan yürüyüşlerde çocukluğun kederleri geri gelir. Yürürken sadece rüyaları anımsarsınız.

İnsanı canlandıran ya da etkileyen hiçbir şeyin olmadığı o ürpertici ormanlarda sabahın mavisinden akşamın turuncusuna kadar süren bu yürüyüş, hüznü dindirmez. O iyileştiren gücünden, enerjisinden eser yoktur. Hüznü yok etmez, dönüştürür. Çocukların bildiği ve kullandığı bir simyadır o; kederi sulandırıp onunla yıkanmak için kendinizi suya bırakır gibi yürürsünüz. Hüznünüzün açık havada uzaklara yelken açmasına izin verirsiniz; kendinizi bırakırsınız. Nerval'in yalnız gezgininin yeniden bulduğu hülyalı bir yürüyüştür bu, tıpkı sizi *tırmanmaya* zorlayan Nietzsche gibi, ancak onun zirvesinde kader değil, çocukluk düşleri vardır.

Eski şarkıları mırıldanırsınız: "Flandre'den evine giden bir atlıydı o."[53] Sonbaharda utangaç güneşin altında uzun süre yürümek zamanı bulandırır. O hafif engebeler arasında yıllar dağılır, yığılır, birbirine karışır. Ancak hışırtılar, fısıldayan rüzgâr, soluk günışığı hep aynıdır. Çocukluk dünden önceki gündür; dün derhal şimdi, karanlık ve serin orman patikaları boyunca seyrelen kederi sürdürür. Nerval'in melankolisi hülyalıdır; mazide kalmış müşfik kadınların yüzlerini ve hayaletlerini uyandıran aheste yürüyüşler. Bir de yürürken hissedilen, sadece bu ışık altında geçmiş bir çocukluğun kesinliği vardır. Ne kayıp yıllara, ne de çocukluğa dair bir nostaljidir bu; bizzat çocukluk nostaljidir zaten (bu *geçmişi olmayan nostaljinin* mucizesini bir tek çocuklar bilir). Valois'nın manzarası içinde aheste aheste yürürken belirir.

Bir de sabit fikirlere, zamanın sona ermesine düşkün, faal, karanlık bir melankoli vardır Nerval'de (tıpkı *Aurélia*'sındaki gibi). Duygulu, ağırbaşlı, halsiz sonbahar yürüyüşleri yoktur artık. Bir arayışın, kaderin, zamanın sonunun ötelenemezliğinin peşindeki ateşli bir yürüyüştür bu. Nerval 1854 yazında, her ne kadar doktoru iyileştiğini düşünmese de, klinikten ayrıldıktan sonra yürümeyi hiç bırakmaz. Yol üstündeki bir otelde, sadece bitkin düşen bedenini dinlendirmek için kullandığı bir odası vardır. Yürür, yürür, bir kafede durup bir şeyler içer, sonra tekrar yürür. Bir okuma salonunda ya da kütüphanede durur, bir arkadaşını ziyaret eder, sonra yeniden yürümeye koyulur. Kaçıştan ziyade, öngörülen şeyi doğrulamaya yönelik sabit bir ısrardır bu.

Yürümek bu defa faal bir melankolinin parçası haline gelir. *Aurélia*'nın her yerinde işaretleri gösteren bir yürüme imgesi vardır. Kentleri adımlayan kaçığın sıkıntılı coşkusu... Sokak-

53. Age.

lar deliliği sürdürmek, beslemek, derinleştirmek için mükemmel bir ortamdır. Dört bir yandan gelen kaçak bakışlar, kopuk kopuk hareketler, birbirleriyle çelişen gürültüler: motorların, zillerin, konuşmaların, kaldırımları döven binlerce adımın gürültüsü. Ve sanki olacağına varırmış gibi, her şey bir mücadeleye dönüşür ve zırdeliliğe ulaşılır.

Son gününü, 25 Ocak 1855'i düşünüyorum; Nerval'in kendini asacak bir pencere demiri bulduğu Vieille-Lanterne Sokağı'nda biten son aylaklığı. Fakat düşünüp taşınınca bu tam olarak "aylaklık" sayılmaz çünkü Nerval sabit, ötelenemez bir düşünceyi takip ediyordu. Bacaklarında *Aurélia* vardı. Ve her neyi vardıysa işte o, bir insana bir yıldızı takip ettiriyordu.

Ondaki yoğunluk –aralarında pek bir fark seçilemeyen derin umutsuzluk veya ani coşku– anlarına yakından baktığımızda yürümeye dair daimi bir istek görürüz: Dışarı çıkmak, terk etmek, gitmek ve takip etmek gerekir. Her yerde sizi izleyen, kuşatan, eleştiren insanlar olduğunu hissederek telaşla yürürsünüz, ama yanınızdaki ve size karşı olan kalabalıklara rağmen, onlara karşı yürümeye devam etmek zorundasınızdır. Deliliğe yönelik ısrarcı bir karar, yalnızlığın azametli fethi olarak yürümek. Orada her şeyin kıvılcım saçtığını, işaret verdiğini, seslendiğini görürsünüz. Nerval bir yıldızın büyüdüğünü, ayın çoğaldığını görmüştü. Yürümek deliliğini olgunlaştırıyordu. Deliliği tamamlıyordu çünkü yürürken her şey *mantıklı* hale gelir: Bacaklarınız ağırlığı taşır ve "Tamam, işte bu," diye düşünürsünüz, "oraya gitmeliyim, orası güzel." Başkaları aylaklık ettiğinizi düşünür, halbuki söz konusu olan bir fikri, sizi sürükleyen, ileri taşıyan bir fikri izlemektir. Sözcükler dudaklara geliverir; yürüdüğünüz gibi konuşursunuz. Her şey sahicidir. Yürümek faal melankolinin bir parçasıdır.

"Yürürken gizemli bir ezgi mırıldanıyordum." Ezgiler düşer aklınıza, sizi cesaretlendirir. Böyle yürümek mülayim anıları uyandırmaktan ziyade rastlantıları çoğaltır. İşaretler çoğalır; böyledir işte.

Nerval arka sokaklara gömülü, aydınlatması olmayan, karanlık mı karanlık, küçük Vieille-Lanterne Sokağı'nı bulur. Chatêlet meydanından başlayan Tuerie Sokağı'nı izleyen insanların yolunun düştüğü bir sokaktır bu. İlk ara sokağı iyice daralana kadar takip etmek gerekir. Sonunda bu ara sokak "dar, kaygan, tekinsiz" bir merdivene dönüşerek, karanlık kaldırımlı küçük bir köşe olan Vieille-Lanterne Sokağı'na bağlanır. Oraya gece gitmek, Dumas'nın tabiriyle "cehenneme inmekle" aynıdır.

Acaba Nerval'in aklı bir anda başına geldi de buna katlanamadığı için mi intihar etti, yoksa deliliği uç bir noktaya ulaşıp da onu tamamen tükettiği için mi? Nerval'i sabahın soluk ışıklarında buldular (her zamanki gibi başkalarının mutsuzluklarından ilham alan Dumas'nın aktardığına göre "şapkası hâlâ başındaydı").

Peki ya biz neden yürüdüğümüzü biliyor muyuz?

Gündelik Gezinti
Kant

Immanuel Kant'ın hayatının çok da macera dolu olmadığını biliyoruz. Bundan daha hüzünlü bir varoluş hayal etmek zordur.

Kant doğduğu Königsberg'i hiç terk etmez, hiç seyahate çıkmaz. Koşum ve eğer takımları üreten bir babası, dindar ve sevgi dolu bir annesi vardır. Evinde bir günden bir güne hakaret işitmemiştir Kant, ikisini de çok genç yaşta kaybeder.

Eğitim görür, çok çalışır, özel öğretmen, okutman, sonra da üniversitede profesör olur. İlk kitabı şu cümlelerle açılır: "İzleyeceğim yolu ben çizdim. Yürümeye bir kere başladım mı hiçbir şey durduramayacak beni."

Kant mavi gözlü, büyük kafalı, omuzlarından biri (sağ) ötekine göre daha yukarıda kalan hassas yapılı, orta boylu bir adamdı. Gözlerinden biri de bir süre sonra kör oldu.

Kant tam bir düzenlilik örneğiydi, öyle ki ona "Königsberg saati" lakabını takmışlardı. Ders günlerinde onu evden çıkarken görenler saatin dakikası dakikasına sekiz olduğunu bilirdi. Sekize on kala şapkasını takar, sekize beş kala bastonunu alır, sekizde kapıdan çıkardı. Kant kullanmayı bırakabileceği son nesnenin saati olduğunu söylerdi.

Farklı yoğunluklarda da olsa, Nietzsche gibi onu da yazmak ve okumak dışında iki şey meşgul ederdi: mecburi yürüyüşü ve ne yemesi gerektiği. Fakat tarzları bütünüyle farklıydı. Nietzsche uzun yürüyüşlere çıkan ve bazen de sarp yerleri tırmanan yorulmak bilmeyen büyük bir yürüyüşçüydü; tıpkı keşişler gibi genellikle az beslenir, hassas midesini rahatsız etmeyecek bir beslenme düzeni bulmaya çalışırdı.

Öte yandan Kant'ın iştahı yerindeydi, abartmasa da iyi içer ve sofrada uzun uzun otururdu. Biraz küçük çaplı kalan kısa yürüyüşleriyle sağlığına özen gösterirdi. Terlemeye tahammülü yoktu. Yazları çok yavaş yürür, sıcak bastığı zaman gölgeye geçip dinlenirdi.

İkisinin de sağlığı mükemmeldi denilemez. Burada felsefelerinin psikolojik yansımaları olarak görmeden belirtmek gerekir ki Kant kabızlıktan, Nietzsche de kusmaktan mustariptі.

Hassas yapılı Kant uzun ömrünü (sekseni görmüştür) tavizsiz yaşam biçimine borçlu olduğunu düşünürdü. İyi sağlığını kişisel bir başarı, kusursuz disiplinin ürünü olarak görürdü. Büyük ilgi duyduğu beslenme biliminin, yaşamdan zevk alma değil, yaşamı uzatma sanatı olduğunu söylerdi.

Bununla birlikte son yıllarında sağlığının havada yayılan bir elektrik akımı yüzünden bozulduğunu, hatta bu akımın aynı dönemde Basel'de akıl almaz sayılara ulaşan kedi ölümlerinin de sebebi olduğunu iddia etmişti. Hiç borcu olmadı ve duymak isteyen herkese de altını çize çize aktardı bunu. Düzensizliğe dayanamazdı. Her şey her zaman yerli yerinde olmalıydı. Değişikliğe katlanamazdı.

Derslerini takip eden bir öğrenicisinin ceketindeki bir düğme oldu olası eksikti. Öğrenci bir sabah derse yeni bir düğmeyle gitti. Kant'ı inanılmaz rahatsız etmişti bu, bakışlarını genç adamın ceketinden bir türlü alamıyordu. Söylentiye göre, Kant öğrencisinden yeni düğmesini sökmesini istemiş, bir şeyi öğrenmenin bilmekten daha değerli, bir şeyi öğrendikten sonra onu nerede sınıflandırması gerektiğini bilmeninse daha da önemli olduğunu eklemişti. O ise hep aynı tarzda giyinirdi. Geçici hevesleri yoktu ve hep aynı davranırdı.

Hayatı bir nota kâğıdı kadar kurallıydı. Her sabah beşte kalkardı. Birkaç büyük fincan çaydan ibaret kahvaltısının ardından günün ilk ve tek piposunu içerdi.

Ders verdiği günlerde sabah erkenden çıkar, döndüğünde robdöşambrını giyip terliklerini ayağına geçirir ve tamı tamına bire çeyrek kalaya kadar yazardı. Sonra üstünü başını değiştirip, bilimden, felsefeden ve havadan sudan bahsetmek üzere bir grup arkadaşını zevkle kabul ederdi.

Masada mutlaka ikram edilmek üzere bekleyen üç tabak yemek, peynir (bazen de biraz tatlı) ve her davetli için birer küçük sürahi şarap olurdu. Saat beşe kadar sohbet edilirdi.

Sonra yürüyüşe çıkma zamanı gelirdi. Hava güzel de kötü de olsa hiç aksatmadan yapardı bunu. Yol boyunca ağzını kapatıp burnundan nefes almak ister, bunun bedene çok iyi geldiğini düşünürdü, o yüzden konuşmak zorunda kalmamak için yalnız dolaşmaya özen gösterirdi.

Hep aynı yolda yürürdü, öyle ki parktaki bu güzergah daha sonra *Filozofun Yolu* olarak adlandırıldı. Söylentiye göre, bu yolu hayatında sadece iki defa değiştirmişti; birinde Rousseau'nun *Émile*'ini edinmek, ötekinde de Fransız Devrimi ilan edildikten sonra yayılan haberleri almak için.

Yürüyüşten döndükten sonra saat ona kadar okur, ardından yatıp uyurdu (günde sadece bir öğün yerdi).

Doğayla büyük bir mistik bağlantı kurmadan geçen bu sade yürüyüş; hijyenik bir gereklilik olarak kabul edilen bu haz vermeyen yürüyüş; tek bir gün bile aksatılmadan her gün çıkılan bu bir saatlik yürüyüş, yürümenin üç önemli yönünü gözler önüne serer.

Bunlardan ilki tekdüzeliktir. Yürümek gerçekten yavan bir şeydir. Büyük yürüyüş anlatıları (Rodolphe Töpffer'in "zikzak yolculukları"ndan Michel Vieuchange'ın "seyahat günlükleri"ne kadar) sadece vuku bulan kazalardan, karşılaşmalardan ve sancılı zorluklardan bahsederek ilgimizi diri tutabilirler. Bu seyyahlık ya da uzun gezinti destanlarında, seyahatin kendisinden ziyade molalara daha çok sayfa ayrılmıştır. Vukuatlar yürümenin bir parçası değildir, onu kesintiye uğratırlar. Çünkü yürümek tek başına yavan gelir. "İlginç" değildir, çocuklar bunu bilir. Temelde, yürümek hep aynıdır, bir ayağı diğerinin önüne atmaktır. Fakat bu tekdüzeliğin sırrı, can sıkıntısına deva olmasıdır. Can sıkıntısı, boş zihinle karşılaşan bedenin hareketsizliğidir. Yürüyüşteki tekrarlar sıkıntıyı bertaraf eder çünkü bedenin hareketlenmesiyle birlikte zihin kendi bezginliğinden etkilenmez, kendi ataletindeki sonsuz bir sarmalın müphem baş döndürücülüğünden yararlanmaz artık. İnsan, her ne kadar hiçbir şey bir işe yaramayacak olsa da, canı sıkılırken yapacak bir şeyler arar hep. Yürürken yapılacak bir şey her zaman vardır, o da yürümektir. Veya daha ziyade, yapılacak başka bir şey kalmaz çünkü insan sadece yürür; bir yere giderken ya da bir güzergahı tamamlarken sadece ilerlemek zorundadır. Yavan bir gerçektir bu. Bedenin üstlendiği bu tekdüze vazife düşünceyi özgür bırakır. Yürürken düşünmek zorunda değildir insan, "Vay efendim, bu böyleymiş, şu şöyleymiş"lere gerek yoktur. Bedenin sarf ettiği sürekli ve otomatik efor sayesinde zihin insanın emrine amade olur. Ancak bundan sonra düşünceler gerçekten *akla gelebilir*, yüzeye çıkabilir, şekillenebilir.

Yürümenin ikinci yönü düzenliliktir. Kant'ın etkileyici yanı, kusursuz disiplinidir. O gündelik yürüyüşler, her gün çalışarak geçirdiği saatlerin simgesi ve refakatçisidir. Her bir gün bir sayfa yazı, bir fikir, bir kanıt, bir ispat demekti. Bu günler bir araya gelince de devasa bir külliyata dönüştü. Pek tabii bunlar düşünülmeden, üzerine konuşulmadan yapılamazdı. Ancak burada etkileyici olan, tekrarlanan bir çaba, tekrarlanan küçük bir eylem, yani disiplin aracılığıyla ortaya çıkan devleşme fikridir. Yapıt zamanı askıya alan bir ilham ânında değil, taş üstüne taş koyularak oluşmuştur. Tıpkı üç-dört günlük bir yürüyüşten sonra bir tepenin zirvesindeyken arkanıza dönüp yola çıktığınız noktayı görmeniz gibi. Bu büyük mesafe sebatla atılan minicik adımlarla aşılmıştır. Disiplin imkânlı olanın ısrarla tekrarlanmasıyla fethedilen imkânsızlıktır.

Üçüncü ve son yön ise kaçınılmazlıkla alakalıdır. Kant'ın öğleden sonra saat beşte evden çıkıp yürüyüşünü yapacağı kesinkes bilinirdi. Değişmez bir ritüeldi ve güneşin doğudan doğması kadar kesindi. Kaçınılmazlık düzenliliğe kaçınılmazlığı ekler, fakat bu öğrenilmiş, *yapa yapa* ilke haline gelmiş bir kaçınılmazlıktır. Disiplinle birlikte kişi kendi kaderini bizzat tayin edebilir. Yirmi, otuz, belki kırk yılın sonunda, çabalarımızın bize neredeyse körü körüne bir mecburiyetmiş gibi geldiği bir nevi irade eşiği vardır, tabii bunu bilinçli olarak gaye edinmemişsek. Kaçınılmazlık disiplinin sadece pasif bir alışkanlık olmadığını gösterir. İradenin kaderi çizdiğine inandırır, ki Nietzsche de özgürlük tanımını bunun üzerinden yapmıştır. Yürümedeki kaçınılmazlık, bir kez yola çıkanın gideceği yere ulaşma zorunluluğudur. İlerlemekten başka çare yoktur. Yorgunluğun ve yolun sonunda, insan *her zaman* gideceği yere ulaşır; "Hadi bir saat daha," demek ve, "Ha gayret!" diye düşünmek yeterlidir. Yasadır bu, değiştirilemez. Yayayken oraya ulaşmak için yürürüz. İradenin kadere tecellisi budur.

Gezintiler

Keyfe keder gezintilerde yürürüz elbette. Gezintideki yürüme, uzun gezilerinki gibi yoğun olmasa da, başka özellikler barındırır; daha mütevazıdır, mistik tavırlara, metafizik aldatmacalara, gösterişçi ifadelere pek uygun değildir. Çocuksu bir ruh yakalamak; bedavaya yorgunluk atmak, zihni dinlendirmek ve yeniden keşfetmek için gezinmek.

Çocukken çıkılan gezintiler âdettendir. İşlek yollarda, belli bir zaman diliminde icra edilir. Öylesine gezinmek değildir, *bir* gezintiye çıkmak bile değildir, yalnızca *bu* gezintiye mi yoksa *o* gezintiye mi çıkacağınıza karar verebilirsiniz. Çocuklara göre biri diğerinden farklıdır elbette. Başka yolları takip eder bu gezintiler, o yollar boyunca uzanan çitler de; manzaralar da benzersizdir. Kesişmez o gezintiler.

Büyümek sadece genellemelere, benzerliklere, var olma çeşitlerine karşı duyarlı olmak demektir. Ormanlar, dağlar, ovalar, etrafımızdaki her şey aynılaşır; biz yetişkinler için bütün yollar aynı büyük manzaranın içinde toplanır. Yetişkin kimse her şeye ardında bıraktığı yılların tepesinden bakar. Tecrübeyle gelen bakış açısıysa her şeyi aynı seviyeye çeker, bir araya yığar, yavanlaştırır. Her şey aynıya döner. Yetişkin, evinin bir ülke içinde olduğunu ve ona varacak pek çok farklı yol bulunduğunu bilir.

Çocuk içinse yolun ürkütücü, tekinsiz bir yanı vardır. Her yol farklı bir dünyadır âdeta. Birbirlerine benzemezler ve farklı evrenlere çıkarlar. Çocuk çoktan farkındadır iki ağacın aynı olmadığının; hatları, boğumlu dalları, eğri büğrü gövdeleri onları birbirinden ayrı kılar. İki dut ağacı ya da iki meşe değil, şövalyeyle büyücü ve canavarla çocuktur onlar. Peki, kendi eşsiz ağaç sıraları, eşsiz nitelikleri, eşsiz yol renkleri ve rastlanabilecek eşsiz insanları olan iki gezinti hakkında ne söylenebilir? Her birinin farklı bir hikâyesi vardır, her biri farklı sakinleri ve hayaletleri olan farklı bir krallığın kapılarını aralar.

Çocuk Proust, iki ayrı dünya yaratan iki gezintiye çıkar: Swannlar'ın (ya da Méséglise) tarafında ve Guermantes tarafında. Mevsimleri, makamları, zaman dilimleri, renkleriyle iki eksiksiz dünya haritası... Swannlar'ın tarafındaki gezinti hava kötü olsa bile göze alınabilir çünkü kısa sürer; nazikçe kucaklanacak leylaklar, sarhoş edici kokularıyla akdikenler, yasemin çitleri arasında beliriveren Swannlar'ın parkı ve akıl ermez, içten pazarlıklı, alaycı genç kız Gilberte.

Guermantes gezintisi için öncelikle bahçenin sonundaki arka kapıyı kullanmak ve havanın bozmayacağından emin olmak gerekir çünkü uzun sürer. Guermantes her şeyden önce asla ulaşılmayan masalsı bir varış noktasıdır ama yol, (bazen kenarındaki süsenlerin arasına oturulan) Vivonne Nehri'nin kıyısından ve üzgün, düşünceli bir kadının bazen pencerede beliriverdiği koruluklarla çevrili o kır evinin kenarından geçer. Ayrıca "koyu renk çiçek salkımlarının tırmandığı çitlerle çevrili küçük sulak alanlar" vardır.

İki ayrı dünya... Çok sonraları Albertine, Guermantes'a Méséglise tarafından gitmeyi teklif ederek anlatıcıyı şaşkına çevirir. Rezalet, dalalet, dehşet! Coğrafyanın nesnel gerçeklikleri, çocukluğun billur algılarını paramparça eder. Çocuk için gezinti eksiksiz bir kimlik, bir çehredir; gezintinin kendi kişiliği vardır. Aynı göğün altında bir kavşakta kesişen yollar değildir. Elbette Saint-Hilaire çan kulesinden başlayarak iki gezinti yolunu da tek bir açıdan, tek bir manzaranın renginde, tek bir ışıkta yıkanırken görmek hiç şüphesiz mümkündür. Ama bu kuşbakışı yanıltıcıdır ve yolları sadece haritadaki çizgilere indirgeyen soyut bir bakışın ilgi alanına girer. Yer seviyesinde yaşayan çocuk taş şekillerinin, ağaç hatlarının, çiçek kokularının farklı olduğunu bilir.

Bu noktada, çocukların hayalperest eğilimlerini yetişkinlerin gerçekçiliği ve nesnelliğiyle kıyaslamamak gerekir. Çünkü sahiden gerçekçi olanlar çocuklardır; onlar hiçbir zaman genellemelere göre hareket etmezler. Yetişkin, genel biçimi belirli bir durum olarak, yani türün temsilcisi olarak görür ve geriye kalan her şeyi savıp, "Bu leylak, bu dişbudak, bu elma ağacı," der. Çocuksa bireysellikleri, kişilikleri algılar. Müşterek bir isim ya da işlevle maskelemeden, eşsizliği görür. Çocuklarla yürürken, ağaçların yeşil dallarında fevkalade hayvanları fark edebilir, çiçeklerin güzel kokusunu alabilirsiniz. Hayal gücünün zaferi değil, önyargısız, katıksız bir gerçekçiliktir bu. Ayrıca doğa, anında şiire dönüşür. Bu gezintiler çocukluğun mutlak saltanatıdır. Büyürken bu saltanatın büyüsünü kaybederiz çünkü her şey hakkında fikirler ve yargılar edinir, şeyleri nesnel halleri (ne yazık ki bir de buna "hakikat" deriz) dışında tanımak istemeyiz.

Şiirselliği nispeten az olsa da yine bir o kadar hülyalı bir gezinti tarzı daha vardır: hafiflemek, dinlenmek, "temiz hava almak" için çıkılan gezintiler. İnsan meşakkatli bir işin ardından ya da can sıkıntısından bezince, "zihnini temizlemek" için dolaşmaya çıkar; bilhassa ilkbahar güneşiyle yıkanan dışarının ferah havasıyla ofislerin kasvetli ve boğucu havası arasındaki zıtlık artınca.

Alman felsefeci Karl Gottlob Schelle yürüme sanatını oldukça güzel tarif eder. *Die Promenade als Kunstwerk* (*Yürüme Sanatı*) başlıklı eserinde yürümenin bedeni kesinlikle gevşettiğini (beden kelimenin tam anlamıyla gevşer, çünkü çalışırkenki iki büklüm duruşundan sıyrılıp dimdik durabilir) fakat asıl bayram edenin zihin olduğunu belirtir. Çünkü yürümek insanın ruhunu dinlendirir. Çalışırken önünüzdeki meselenin esiri olur, görevinize odaklanır, bir seferde yalnızca tek bir şey düşünürsünüz. Oturur durumdaki beden fazla hareket edemez, şayet efor sarf edecekse hareketleri çok belirli olmalı, kasları eşgüdümlü çalışmalıdır. Böylece çalışmanın sonunda, haddinden uzun odaklanmak zorunda kalındığı için sinirler yıpranır.

Bununla birlikte yürümek, sanki bütün mesele *durmaktan* ibaretmiş gibi, hızlı bir mola ya da basit bir duraklama anlamına da gelmez. Yürümek ritmi değiştirir; uzuvları ve zihnin melekelerini çözer. Yürümek öncelikle kısıtlamalara başkaldırmaktır; güzergaha, ritme, göreceklerinize siz karar verirsiniz. Söylenene göre Schelle, Kant'ın arkadaşıdır; onu okumuş olduğu da anlaşılmaktadır zira görünen o ki Kantçı estetiği yürümeye uygulamıştır.

Gezintiye çıkmak, bir fikre kilitlenmenin veya bir tefekkür akışı yakalamanın bir başka yöntemi olan öylesine, çabucak turlamakla aynı şey değildir. Neticede aklınızı kurcalayan bir sorun varsa kalkıp yürüyebilirsiniz. Fakat o zaman fazla uzaklaşmadan, elleriniz arkanızda başınızı sallaya sallaya birkaç adım atar ve bedenin hareketi zihninizi bir parça canlandırınca –sıkıntıyı çözer, kusursuz düzenlemeyi bulur, doğru sunumu oluşturur, güzel fikri yakalarsınız– hemen çalışma masasına döner ve bir sonraki tıkanmaya kadar kaldığınız yerden devam edersiniz.

Gezintiye çıkmak ayrıdır; işinize veda edersiniz. Kitapları, dosyaları kapayıp dışarı çıkarsınız. Bir kez dışarı çıkınca da beden kendi ritmine kavuşur ve zihin kendini özgür, yani müsait hisseder. Başınızı sağ tarafta size göz kırpan manzaraya çevirip onları sol taraftaki görüntülerle iç içe geçirir, renk zıtlıklarıyla oynar, görüntüleri sürekli tarayarak ayrıntıdan genel görünüme geçersiniz. Bir de üstüne herkesin ayrı telden çaldığı kalabalık bir parktan geçiyorsanız, zihni işin içine katmadan gözlem yaparsınız: Bakışlarınızı, hiçbir tarafa takılmalarına izin vermeden, bir biçimden, bir çizgiden, bir ifadeden fazlasını algılamadan bir çehreden diğerine, bir elbiseden bir şapkaya kaymaya bırakırsınız. Kant'ın estetik zevk olarak adlandırdığı şey işte bu serbest görüntüler tiyatrosudur: İmgelem izlenimlerle oynar, onları insanın dizginsiz düşleminde kaynaştırır, yeniden düzenler. Üstelik bedavadır ve bu yolla zihin de en derinindeki uyumu açığa çıkarır: Tüm melekeler, dünyanın muazzam gösterisini layıkıyla sergileyebilmek için birlikte özgürce oynamaya mutabıktırlar.

Schelle yürüme sanatının hakkıyla tatbik edilebilmesi için birkaç dış koşula ihtiyaç olduğunu belirtir. Eğer gezintinizi halka açık yerlerde yapıyorsanız, yollar büyük olmalıdır ki gelip geçenler birbirlerini engellemesinler. Ayrıca kalabalık ne çok yoğun ne de çok seyrek olmalıdır: Yürüyenler tek tükse, ister istemez tanıdık yüzler aramaya ve insanlara bakmaya başlar (O mu acaba?), böylece yeniden toplumsal rollerinize bürünürsünüz. Çok sayıda yürüyüşçü olursa, bu sefer görüntü sağanağı yüzünden sentez kapasiteniz dolup taşacağı için hevesiniz kırılır. Kırsalda gezintiye gelince, imgelemi renklerin ve biçimlerin çeşitliliğiyle eğlendirmek için tepelerin, vadilerin, derelerin, ovaların ve ormanların bir arada olduğu bir tabiatta ve tercihen, imgelemin oyunu kasvetli görüntülerle ağırlaşmasın diye, pırıl pırıl bir güneşin altında yürünmelidir.

Ayrıca şehirde ve kırsalda dönüşümlü olarak gezintiye çıkmak ve birini diğerine yeğlememek gerekir. Zira ortak bir temelleri (izlenimleri yeniden düzenleyen imgelemin serbest oyunu) olsa da nitelikleri farklıdır. Kaldırımlarda ve park yollarında yürümek, gündelik bir yaklaşım barındırır, bu sayede, insanlığın ve benzerlerimizin davranışlarının çeşitliliği vasıtasıyla, zihne büyüleyici gelen ayrıntılı, ufak keşifler yaparız. Dereler ve ağaçlar eşliğinde bir başına yürümekse, sistematik iç gözlemlerin stresinden uzak ama aynı verimlilikte olan hülyalı bir hal yaratır; çiçeklerin ve siluetlerin görüntüsüyle kendinden geçen ruh bir süreliğine kendini unutur ve genelde gizli kalan kendi özelliklerinin farkına varır sanki.

Gezintiye çıkmanın sırrı, kendi dik kafalılığımızın esiri olmuş, meşgul ve kutuplaşmış yaşamlarımızda nadiren karşılaştığımız, zihnin bu "müsait olma" halinde saklıdır. Müsait olmak, vazgeçmenin ve eylemin az rastlanır bir sentezidir ve yürürken zihnin bütün melekelerini harekete geçirir. Ruh âdeta görüntüler dünyasına uygun hale gelir. Ne kimseye verecek hesabı vardır, ne de tutarlı olmak zorundadır. Neticesiz bu oyunda, dünya, aylak aylak gezen maymun iştahlı kimseye, ciddi ve sistematik gözlemciye nazaran kendinden daha fazla şey bırakıyor olabilir.

Bütün bu keşif ve sevinçleri sadece açık bir zihinle yürüyenler tecrübe edebilirler. Gezintiye çıkmak bir yöntemmiş gibi, gezintiyi buna asla alet etmemek gerekir. İlkbahar güneşi tarafından çağrılıp, sırf kendine biraz zaman ayırmak için işiyle ilgilenmeyi bırakabilen kişinin karşısına kendiliğinden çıkar bu keşif ve sevinçler. Açık bir yürekle, işleri ve kaderi bir anlığına kenarda bırakma arzusuyla çıkılmalıdır gezintiye. Gezintiden hiçbir kâr beklemiyorsak, meşguliyetlerimizi ve kaygılarımızı ardımızda, çekmecelerde bırakabiliyorsak, işte o zaman gezintiye çıkmak, var olmanın hafifliğini, kendiyle ve dünyayla özgür bir uyum içinde olan ruhun yumuşaklığını yeniden keşfe, o karşılıksız estetik âna dönüşebilir.

Gezinme sanatı elbette hoşça vakit geçirme yöntemi olarak da kullanılabilir, ama hoşça vakit geçirmek yeniden canlandırmak da olabilir aynı zamanda. Bu özellikle şehirdeyken geçerlidir. İnsanlar genelde pratik amaçlarla –ekmek almaya, dükkânlara, otobüs ya da metroya gitmek, bir arkadaşa uğramak için– arşınlar sokakları. Yani sokaklar birer koridordur sadece. İnsanlar başları önde, sırf ihtiyaç duydukları şeylere odaklanarak yürür. Hiçbir şeye bakmaz, yolda sadece işlevsel şeyleri algılayacak şekilde seyrederler: Yeşil eczane işaretini görünce sağa döner, büyük kahverengi kapıyı görünce pastanenin bir sonraki köşede olduğunu bilirler. Böylece sokak cılız, ışıldayan işaretlerden dokunmuş bir kumaşa döner, ama gösterisinin ışıltısı büyük oranda yiter.

İnsan kendi mahallesini duraksayarak, düzensiz bir tempoda, amaçsızca ama başını kaldırarak ve yavaşça dolaşma zevkini –duyulmamış şeydir belki ama kolaydır– bir kere olsun tatmalıdır. İşte mucize o zaman gerçekleşir. Kendine belirli bir görev biçmeden telaşsızca yürümek, şehrin onu ilk kez gören birine göründüğü gibi görünmesini sağlayabilir. Bilhassa dikkat edilen bir şey olmadığında her şey –renkler, ayrıntılar, biçimler– gani gani oradadır. Bir başına amaçsızca dolaşmak, şu görüntüleri tekrar yakalayabilmenizi sağlar mesela: Şuradaki panjurların rengi ve o rengin duvarlarda bıraktığı iz; pencere parmaklıklarındaki siyah kıvrımların zarafeti; taştan zürafaları andıran yüksek ve dar, yahut tombul kaplumbağaları andıran alçak ve geniş evler; günbatımının parlak turuncu rengini mavi-gri ön cephelere yansıtan pencereler. İşte insan bu şekilde sokakları uzun uzadıya yağmalayabilir.

Parklar ve Bahçeler

Sokakların ya da kırsalın estetik özünü ortaya çıkarmaktan ziyade gezintileri dünyevi yapaylığın içine iten bir durum vardır. Burada bilhassa insanların caka satmak için çıktıkları gösterişli, havalı gezintilerden bahsetmek istiyorum. Bu gezintilerin Paris'teki simgesi hiç şüphesiz, Pierre Corneille'in tabiriyle, "yüksek sosyetenin ve gösteriş düşkünlerinin yurdu"[54] Tuileries Bahçesi'dir. Burada doğa tamamıyla evcilleştirilmiştir: Dümdüz kesilmiş şimşirler, yine dümdüz bir çizgi halinde uzanan yollar, müthiş bir titizlikle budanmış ağaçlar, fıskiyeler, şehvet uyandıran heykeller. İlk başlarda bu bahçeye sadece yüksek sosyeteye mensup kimseler alınır; hanımlarının talipleriyle küçük aşk oyunlarını bitirmelerini kapıda bekleyen uşaklar ve ayaktakımı içeri giremezdi. Gel gelelim iyi giyinmişlerse, güzellerse ya da yanlarında saygıdeğer birileri varsa eğlence peşindeki genç işçi kızların da bahçeye girmesine izin verilirdi. Yazları turuncu ışığın ve mor yansımaların altında geç saatlere kadar bahçede kalınırdı; gecenin güzelliği küçük adımlarla gelir, binlerce adımla birlikte tozlar havaya kalkardı. Bütün ağaçlarda bedbaht âşıkların bıçakla kazıdığı kadın isimlerinin yaraları vardır hâlâ.

Tuileries'ye gidelim
Ve vakit kaybetmeden bedbaht düşlerimizi besleyelim.[55]

---

54. Pierre Corneille, *Le Menteur*, Gallimard, Paris, 2006.
55. Pierre Corneille, *La Comédie des Tuileries*, 1638.

Taze güzellikleriyle genç kızlar, macera peşindeki evli kadınlar ya da teselli arayan dullar için birebirdi bu yer. Zira burnunun ucunda sürekli tek bir adamı -kocasını- görmek, sıkıntıdan patlatır bir kadını. Charles Sorel park ve bahçelerin bu ihtiyaca cevap verdiğine şöyle değinir: "Hayat dolu kadınların çoğu Lüksemburg ve Tuileries'de yürüyüşe çıkmaya bayılır, ne de olsa her gün yeni erkekler görmek gayet memnuniyet vericidir."[56] Oraya karı koca gitmekse büsbütün zevksizlikti.

İnsanlar bahçelerin anayollarında, ara sıra durarak (daha ziyade poz vererek) yavaş yavaş yürürlerdi, ama bu yavaşlık, hıza karşı duran siyasi bir tavırdan ileri gelmiyordu. Sadece rahat rahat kesişmek, şık kıyafetlerini ve takılarını teşhir etmek, ne kadar alımlı ve ince zekâlı olduklarını göstermek içindi. Görünüşe müthiş özen göstermek (çünkü hiçbir şey mazur görülmez, hiçbir şey unutulmazdı: Soytarı Evaristo Gherardi'ye göre, "Oradaki çehreler birer sanat şaheseridir ve bunda doğanın en ufak parmağı yoktur"), refakatçiyi iyi seçmek gerekiyordu (centilmenleri uzaklaştırabilecek can sıkıcı kimselerden kaçınmak için). Böylece Parisliler bütün görkemleriyle sahneye çıkardı.

Peki niçin yürüyordu bu kadınlar? La Bruyère'e göre, bunun nedeni "güzel bir kumaş göstermek ve tuvaletlerinin meyvesini toplamak"tı. Güzeller yürürken arkalarından hayranlık mırıltıları yükselirdi. Onlarınki yürümek değil, sofistike bir yürüyüş tarzı, çalışılmış bir salınmaydı. Bir hizmetçinin hanımına verdiği tavsiyedeki gibi:

> Bütün güzellerin yaptığı gibi, doğal olmamaya özen gösterin. Diyelim ki şu an benimle Geniş Yol'dasınız: Zeki görünebilmek için hiçbir şey söylemeden benimle konuş-

56. Charles Sorel, *Polyandre*, A. Courbé, Paris, 1648.

malı, neşeli görünmek için sebepsiz gülmeli, sinenizi teşhir edebilmek için hep dik durmalı, büyük görünsünler diye gözlerinizi kocaman açmalı, kırmızılaştırmak için de dudaklarınızı ısırmalısınız.[57]

O halde öncelikle insanların görmek ve görülmek, yargılamak ve yargılanmak için büyük mücadeleye girdiği bir nevi ana sahne olan Geniş Yol'la başlayabiliriz:

Yüksek sosyete madeni burası.
İyi görünenler hep burada,
Güneş batmaya başladığında,
Gelir kendini göstermeye esmeri de sarışını da,
Dantellerini, kumaşlarını, kurdelelerini
Teşhir ettikleri yer bura
Bütün seyyarlar da
Gelir boyunu bosunu göstermeye buraya,
Halka açık bir kaçamak yapacak yer de
Aradığın parçayı bulacağın yer de bura
Bakmayın hor görürler birbirlerini
Zira benzer birbirine hepsi.[58]

Tuileries Bahçesi'nde Geniş Yol'dan başka nevi şahsına münhasır daha küçük sahneler ve birbirini kesen yollar da vardı: Batı yakasında "birilerine rahat rahat çamur atılabilecek" bir dizi bank vardı (eleştirmenlerin ve huysuz tiplerin yürüdüğü yoldu bu), gölgelerdeki yollar gizli randevular içindi, geriye kalan tatlı ve hüzünlü yollarsa melankolikleri ağırlardı.

57. Evaristo Gherardi, *Les Promenades de Paris*, 1695.
58. Age.

Bu sahne çeşitliliği, Tuileries'yi herkesin oyuncu ve izleyici olduğu bir oyuna dönüştürürdü. Tıpkı tiyatrolarda olduğu gibi, her çeşit insan vardı orada: aklı fikri elbisesinde olan güzel kadın, gülünç beyefendi, yapmacık ve küstah hâkim, caka satan memur, küçük bey,[59] burjuva, genç budala, eski papaz adayı, herkesin son yalanları öğrendiği "ayaklı gazete"[60] ve tabii birkaç ayyaş. Ama herkes olabildiğince dik durmaya çalışır, yavan yahut şatafatlı zenginliklerini sergiler ve diğerleri üstünde bıraktıkları etkiyi kolaçan ederdi çaktırmadan. Sıska bacaklarını gizlemek için sahte baldır takar, sahte yüzler takınır, pırlantalarını teşhir eder ve yüksek sesle konuşurlardı.

İnsanlar hiç durmayan bu dönme dolapta birbirlerini arar, görmezden gelir, tartar ve kendilerini bir şeylere benzetmek için (iyi ya da kötü fark etmez, bir şeylere benzemek şarttı) uğraşırdı. Bunca farklılığın ardında, şiirde de söylendiği gibi, "benzer birbirine hepsi". Bir kez daha söyleyecek olursak, mübalağalı iltifatlar havada uçuşurken, alttan alta birbirini küçümsüyor, birbiriyle dalga geçiyordu hepsi.

> Gözleri şaşı maymun suratlının teki
> Tek gözlü adamla nasıl dalga geçerse.
> Ahmak ayyaşa, boynuzlanan adam piçe nasıl gülerse,
> Her kadın da eşine öyle güler içten içe.[61]

Ve bu fısıldayarak dalga geçme konserinde entrikaların bini bir paraydı: İnsanlar randevulaşır, şans eseri karşılaşmış gibi

59. "Ben küçük bey diye koca ağzıyla boş boş konuşana, bayağılığı ve abartılı tavırları özünde taşıyana derim." (Anonim, *Satyre nouvelle sur les promenades du Cours de la Reine, des Thuilleries et de la Porte Saint-Bernard* 1669).
60. Bruyère bu karakterin iyi bir tasvirini yapar: "Dolanıp durmaya doğmuştur. Şehirdeki ortak söylentileri, hikâyeleri bilir; diğerlerinin ne yaptığını konuşmak ve dinlemek haricinde hiçbir şey yapmaz."
61. Evaristo Gherardi, *Les Promenades de Paris*, 1695.

yapar, tanımadıkları kızları takip eder, muhabbete dalar; kadınlar eldivenlerini düşürür, genç adamlar koşa koşa onların önünde diz çökerdi. “Tuileries zamanları” işte böyleydi.

Kentli Flâneur

Walter Benjamin Paris üstüne düşüncelerinde, Tuileries'nin göz süzen nazik sakinleriyle alakası olmayan *flâneur*[62] karakterine yoğunlaşır. Baudelaire'i yeniden okurken (*Paris Sıkıntısı*, *Kötülük Çiçekleri*'ndeki "Paris Tabloları", *Modern Hayatın Ressamı*'ndaki çizimler) tahlil eder, betimler bu karakteri. *Flâneur* üç unsura veya üç koşula bağlı olarak ortaya çıkmıştır: kent, kalabalık, kapitalizm.

Kentli *flâneur* de yürür elbette ama Nietzsche'nin ya da Thoreau'nun alışkanlık edindiği yürüyüşlerden fersah fersah uzaktır onunki. Kentte yürümek, göreceğimiz üzere, kesintili ve düzensiz bir ritim gerektirdiğinden, doğada uzun yürüyüşler yapmaya âşık olanlar için işkencedir. Bununla birlikte *flâneur yürür*, tabii her köşe başında durup mest halde vitrinlere bakanlar gibi değil. *Flâneur* yalnızca yürür, kalabalıkların içinde bile yolunu bulur.

Flâneur'lüğün hamurunda, on dokuzuncu yüzyılda gelişen, saatler boyu bir parça kır görmeden yürüyebileceğimiz kent yığılmaları vardır. İnsan o dönemin yeni megapollerinde (Berlin, Londra, Paris) yürürken, ayrı dünyalara benzeyen birbirinden tamamen farklı semtlerden geçerdi. Semtten semte her şey değişebilirdi: binaların boyutu ve mimarisi, havanın temizliği ve kokusu, yaşam biçimi, ortam, ışık, toplumsal

62. (Fr.) Aylak gezinen. –çn

yapı. *Flâneur* kentler manzaraya dönüşecek ölçeğe ulaştığında tezahür etti. Kentler geçitleriyle, görüş açısındaki ani değişimleriyle, tehlikeleriyle ve sürprizleriyle bir dağı kateder gibi katedilebiliyordu. Ormana dönüşmüştü kentler.

Flâneur'ün tezahürünün ardındaki ikinci unsur kalabalıklardır. *Flâneur* kalabalığın arasında, kalabalığı yararak yürürdü. Ortasında evrim geçirdiği bu kalabalıklar ise çalışan, anonim, işi başından aşkın *kitlelere* dönüşmüştür çoktan. Büyük endüstri kentlerinde işe giden ya da işten dönen, iş görüşmelerine giden, koli teslimatı ya da bir randevuya yetişmek için acele eden bu insanlar, yeni uygarlığın temsilcileriydi. Bu kalabalık *düşmanca* davranırdı, kendisini oluşturan her bireye düşmandı. Herkes telaş içindeydi ve diğerinin yoluna çıkıyordu. Kalabalık ötekini hemen rakibe dönüştürdü. Bu kalabalık büyük gösterilerdeki, birlik içinde hak arayan insanların, destansı halk tabakasının, kolektif enerjinin kalabalığı değildi. Aksine bu kalabalığı oluşturan her bireyin, bir yerden bir yere hareket etme seviyesinde, birbiriyle çatışan çıkarları vardı. Kimse kimseyle tanışmazdı. Genelde ciddi bakan, tanımadık ve hepsini tanımanın sayısal olarak zaten mümkün olmadığı yüzlerdi bunlar. Önceki yüzyıllarla gelen tecrübeyle, kentte bir *yabancı*, tanımadık bir yüz görüldüğünde şaşkınlık yaşanıyordu. "Nereden geliyor, neyin peşinde?" Artık anonimlik kural olmuş, tanıdıklarla karşılaşmaksa şaşırtıcı bir şeye dönüşmüştü. Kalabalıklar içindeyken rastlantının temel kuralları ortadan kalkar. İyi günler dilemek ya da durup iki çift laf etmek imkânsızdır.

Üçüncü unsur kapitalizmdir, ya da daha açık bir ifadeyle, Walter Benjamin'in nazarında metanın saltanatıdır. Benjamin'e göre kapitalizm meta kavramının endüstriyel ürünler dışında sanat eserleri ve insanlar için de geçerlilik kazanmasını sağlamıştır. Dünyanın ticarileştirilmesidir bu; her şey tüketim ürününe dönüşür, her şey alınıp satılır, sınırsız talep pazarında yerini alır. Genelleştirilmiş fahişeliğin, satmanın ve kendini satmanın saltanatı.

•••

Flâneur yıkıcıdır. Kalabalığı, ticareti ve kenti, bunların değerlerini de yıkar. Geniş alanlarda yürüyen, sırtında çantayla dolaşan insan, uygarlığa ani bir kırılmayla, bir reddetmenin keskin tarafıyla karşı çıkar (Jack Kerouac, Gary Snyder vb.). *Flâneur* çok muğlak yürür, modernliğe direnmesi ikirciklidir. Yıkım bir karşı çıkma meselesi değil savuşturma, yön değiştirme, abartılı bir şekilde değişme, sakince kabul etme ve oyalanmadan yola devam etme meselesidir.

Flâneur yalnızlığı, hızı, çıkarcılığı ve tüketimciliği yıkar.

Öncelikle yalnızlığın yıkımına bakalım. Kalabalıkların yalnızlaştırıcı etkisi üzerine çokça yazılmıştır. Hiç durmadan yerine yenisi gelen yabancı yüzler, maneviyattaki yalnızlığı derinleştiren kalın bir duyarsızlık tabakası. Herkes kendini bir diğerine yabancı hisseder ve bu duygunun yoğunluğu, bireyi herkese av yapan bir düşmanlık üretir. *Flâneur* bu anonimliği arar çünkü onda *saklanır.* Mekanik kitlenin içinde erir ama içinde saklanmak adına bile isteye yapar bunu. Böylece anonimlik ezici bir baskı oluşturmaz üstünde, ona zevk alma olanağı sunar, içindeki özel bakış açısıyla kendini daha canlı hisseder. Kalabalığın tatsız, kasvetli yalnızlığının ortasında, gözlemcinin ve şairin yalnızlığını yaratır: *Kimse neye baktığını göremez!* Kalabalıkta bir pottur sanki. *Flâneur uyumsuzdur*; onu anonim kitleden dışlamadan ya da uzağa koymadan soyutlayıp kendi içinde tekilleştiren kati bir uyumsuzluktur bu.

Hızın yıkımına gelince... Kalabalıkta herkes iki şekilde *sıkışmıştır*: Hem hızlı olması gerekir hem de sürekli engellenir. *Flâneur* ise belli bir yere gitmek zorunda değildir. Böylece herhangi bir olay ya da sahneye bakmak için durabilir, ilginç yüzleri dikkatle inceleyebilir, kavşaklara gelince yavaşlayabilir. Ama çıkarcılığın hızına direnen bu yavaşlık ona aslen daha üstün bir kıvraklık kazandırır: zihin kıvraklığı. Hareket halindeki görüntüleri kavrar. Aceleyle gidip gelen kişinin bedeni hızlandıkça, zihninin verimi azalır. Tek isteği çabucak gideceği yere ulaşmaktır, zihni sadece kalabalıktaki aralıklardan kayıp geçmekle meşguldür. *Flâneur*'ün bedeni yavaş hareket eder, ama gözleri fıldır fıldır ve zihni aynı anda binlerce şeyle meşguldür.

İş dünyasıyla gitgide büyük sermaye tarafından büyük sermaye için işletilen siyaset, devlet arasındaki karmaşık ilişkiye gelince, Benjamin'in *flâneur*'ü her yeri kuşatan üretkenliğe, onun ardındaki faydacılığa direnirdi. Faydasızdı ve aylaklığı onu marjinal kılardı. Buna rağmen hiçbir zaman tamamen pasif de sayılmazdı. Hiçbir şey yapmayabilirdi ama her şeyin izini sürer, gözlemlerdi, zihni hep tetikteydi. Çarpışmaları ve karşılaşmaları yakalayarak, şiirsel görüntülerden mürekkep bir akış yaratırdı. *Flâneur* var olmasaydı, herkes kendi yoluna bakar, kendi fenomenler dizisini üretirdi ve sokak köşelerinde neler olup bittiğini haber verecek kimse de olmazdı. *Flâneur* kıvılcımları, ihtilafları, karşılaşmaları fark ederdi.

Son olarak tüketimin, tüketimciliğin yıkımına bakalım. Kalabalık, yapım aşamasındaki metalaşmış bir geleceğin tecrübe edilmesidir. Bu geleceğin savurup sürüklediği birey, anonim dalgalara sunulan bir ürüne indirgenir. Sunulan birey, akıntıya uyum sağlar. Kalabalık içinde olmak, tüketiliyor olma intibası uyandırır: bedeni kısıtlayan hareketler, bedeni sarsan ani krizler. Sokaklar, bulvarlar tarafından tüketilir insan. Tabelalar ve vitrinler yalnızca meta değiş-tokuşunu ve dolaşımını güçlendirmek için vardır. *Flâneur* tüketmez ve tüketilmez. Kentte toplayıcılık, hatta hırsızlık bile yapar. Manzarayı, dağlarda veya düzlüklerde yürüyen biri gibi çabalarının karşılığı olarak görmez. İnanılmaz karşılaşmaları, şüphe uyandıran anları, geçici tesadüfleri havada kapar. Tüketmez ama sahneler bulmayı, beklenmedik karşılaşmalardan çalınan görüntülerin çisentisi altında durmayı da bırakmaz.

Flâneur'ün şiirsel yaratıcılığında muğlak bir taraf vardır yine de; Walter Benjamin'in tabiriyle "fantasmagoria"dır bu. Fantasmagoria, geçici harikalarını yeniden yakalamak için kentlerin korkunçluğunu göz ardı eder; çarpışmaların, büyük sarsıntıların şiirini keşfe çıkar ama çalışmanın ve kitlelerin yabancılaştırmasını ifşa etmek için durup beklemez. *Flâneur*'ün yapacak daha iyi işleri vardır: kenti yeniden mitleştirmek, yeni kutsallıklar yaratmak, kentsel gösterinin şiirsel yüzeyini araştırmak.

Baudelaire'ci *flâneur*'lüğün bir sürü torunu vardır. Bunlardan biri, *flâneur*'lük sanatına iki yeni boyut katan gerçeküstücü aylaklıktır: rastlantı ve gece (*Le Paysan de Paris* içinde Buttes-Chaumont'daki Aragon, *Nadja*'nın aşkının peşine düşmüş Breton). Bir diğeriyse Guy Debord'un kuramlaştırdığı Sitüasyonist "sürükleniş"tir: Farklılıkların hassasiyetle keşfedilmesi (çevre unsurlar tarafından dönüştürülmek). Burada karşımıza şu soru çıkar: Tek tip markaların (hiç ironi yapmadan "zincirler" dediğimiz, etrafımızda pekişen özdeş halkaların) yaygınlaşması ve trafiğin saldırgan istilası, günümüzde *flâneur*'lüğü daha zor, daha tatsız ve daha az şaşırtıcı hale getirmemiş midir? Mecburen gezmek zorunda olduğunuz alanlar da yaratılıyor ama oralarda gezmek ne kadar çok alışveriş yaptığınıza bağlıdır.

Romantik yürüyüşçü, ebedi gezgin, Öz'le bütünleşirdi. Yürümek, yürüyenin Mevcudiyet'in huzurunda olduğu, anaç doğanın kucağına kıvrıldığı mistik bir birleşme töreniydi.

Rousseau da Wordsworth de yürümeyi mevcudiyetin ve mistik kaynaşmanın tanıklığı olarak göklere çıkarır. Wordsworth'ün güzel mısralarında ve Rousseau'nun tınılı düzyazılarında yakalanan şey o telaşsız, derin nefes alışverişi ve yavaş ritimdir.

Kentli *flâneur* bütünlüklü bir Öz'ün yanında boy göstermez, yalnızca etrafa serpiştirilmiş anlık şaşırtıcı görüntülere açıktır. Yürüyüşçü kendini her şeyin eriyip kaynaştığı dipsiz bir uçurumda tamamlarken, *flâneur* ise etrafa parıltılar saçan bir patlamayla bütünler kendini.

Yerçekimi

Yürürken bazen aşırı yorgunluk yüzünden, bedenin kendini hissetmeden, âdeta ölü bir yaprak gibi sürüklendiği o kısa esrime ve lütuf anlarını unutup duruyorum. Bilhassa uzun süredir yürüyorsanız ve yorgunluk tarifsiz boyutlara ulaşmışsa, hiçbir şey duyumsamadığınız bir an gelir. Yol da biraz düzgün ve çok dik değilse, önünüze bakmayı bırakır, bir şey düşünemez olursunuz ve engellerden kaçınma, doğru yerlere basma işini ayaklarınıza devredersiniz. Yürüyenin cephesinde bir tek zincirlerinden boşanmış bir vazgeçme hali kalır. Yürüyüş bir nevi düşle sonlanır ve adımların sağlamlığıyla hızı işte o zaman, yani düşünmeyi bırakmaya razı olduğunuz anda artar. Konunun hafiflikle alakası kalmaz çünkü zaten hiçbir şey hissetmezsiniz: Yol bacaklarınızı içine çeker ve zihniniz *başınızın üstünde süzülür.* Yeterince uzun süre koştuğunuzdaysa bir an gelir müthiş bir hafiflik hissedersiniz, bir yarışta kendinizi geçmişsiniz gibi. "Temponuzu bulmakla" geçen bir sürenin sonunda, ki bazen uzundur bu süre, bedeniniz kendi soluk alıp verme hızını yakalar ve ayaklarınız, yolda sıçramanızı isteyen bu ritmik çağrıya cevap verir, yerden tekrar tekrar tüy gibi havalanırsınız. Koşarken tecrübe edilen hafifliğe yürüyüşte nadiren rastlanır ve bedeni kışkırtarak edinilen hafiflik hissinden tamamen farklıdır. Koşarken kaslarda oluşan gerginliği hissetmenin verdiği sarhoşluk değildir bu, daha ziyade anestezinin bedene yavaş yavaş yayılması gibi, yorgunluğun yarattığı zihinsel bir kayıtsızlıktır. Koşmanın verdiği hafiflik yerçekimine karşı yorulmadan kazanılmış bir zaferdir ve bedenin sahip olduğu güce bir kez daha tanıklık etmiş oluruz. Yürürken oluşan süzülme hissi, ayaklar nihayet yolla birleştiğinde ve o dermansızlıkta, zihin ayaklardaki yorgunluğu yankılamayı *unuttuğunda* ortaya çıkar.

En kaba tabiriyle, yürüme deneyimi her zaman yerçekiminin algılanmasıdır. Sadece cüsseli bir bedenin ağırlığını olduğu gibi hissetmekten bahsetmiyorum. Gel gelelim bazen etabı tamamlamak için önümüzde hâlâ gidilecek birkaç saatlik yol varken, bir de üstüne yol dikleştiğinde, bedenin ağırlığı her adımda kendini iyice hissettirir, dizlerin üstünde bir örs vardır sanki. Söylemeye çalıştığım şey, dışarıda geçirilen günlerin yerçekimini nasıl hissettirdiğidir. Her adımda yere temas edilir, ayak her seferinde yerçekimine yenik düşer, ama bu yenilgi sayesinde tekrar destek bulup havalanır. Yeniden yola çıkmak için her seferinde kök salar insan. Ayak toprağa bata çıka kök salar. Her adım bir ilmek atar. Toprağa bağlanmanın yürümekten daha iyi bir yolu yoktur; toprağın sonsuz tekdüzeliği yürümenin astarıdır.

Yaşamlarını ofiste klavye tıkırdatarak geçiren o dalgın, soyutlanmış insanları düşünüyorum. Dedikleri gibi "bağlılar", peki ama neye? Saniyede bir değişen enformasyona, imaj, sayı, tablo, grafik seline bağlılar. İşten sonraysa doğru metroya veya otobüse giderler, yani hep hıza bağlıdırlar; bu sefer bakışlar telefon ekranına mıhlanır, parmaklar hafifçe de olsa hâlâ hareket halindedir, mesajlar, görüntüler akmaya devam eder. Ve daha günü görmeden akşam olur. Sıra televizyondadır, alın size bir ekran daha. Peki bu insanlar hiç toz kaldırmadan, birbirleriyle temas etmeden hangi boyutta, hepsi birbirinin aynı hangi mekânda, yağmurmuş güneşmiş hiçbir şeyin fark etmediği hangi zaman diliminde yaşıyorlar? Yollar ve patikalarla bağı kopmuş bu hayatlar, insanlık durumunu unutturuyor onlara, sanki zamanla değişen hava erozyon yaratmazmış gibi.

Taocu Zhuangzi şöyle der: "Toprak üstündeki ayaklar azıcık yer tutar; biz işgal etmedikleri alan sayesinde yürüyebiliriz." Bu söz öncelikle, insanların *yerinde duramadığını* ima eder. Ayakta bekleyen bir insana bakın: Yerinde sıçrar, tepinir, sinirlenmeye başlar. Kollarıyla ne yapacağını bilmez, onları hafif hafif sallar veya önünde kenetler. İstikrarsız bir dengededir. Fakat yürümeye başladığı anda her şeye kavuşur yeniden; doğa açılır, kendini gösterir, var olmanın önü açılır, ritim kaldığı yerden devam eder. Ayaklar doğru dengeyi bulur.

Zhuangzi ayrıca, ayakların azıcık yer kapladığını ama yönelimlerinin ("yürümek") dünyayı ölçmek olduğunu kastetmiştir. Ayakların boyutunun ya da bacaklar arasındaki açıklığın önemi yoktur, hesaba katılmazlar ama her şeyin ölçüsünü onlar alır. Ayaklarımız mesafeyi ölçmekten başka bir şeye yaramayan bir pergelin iki ucunu oluşturur, bacaklarımız da bu iki ucun arasına çizgi çeker. Bu çizginin uzunluğu kullanılabilir bir ölçüdür.

Geriye kalan yürünebilir alanda yolculuktayım demek, Taocu boşluğun da açık bir ifadesidir. Bu boşluk, safi hiçlik değil sanal bir alandır; söze hayat veren harflerle sesler arasındaki oyunu andıran *oyunlara* ve ilhamlara gebedir. Yürümek de bu alanın derinliğini *arşınlar* ve manzarayı tutup *hayata çeker.*

Son olarak, birçok spor faaliyetinde, yerçekimine meydan okumaktan; hız, yükseklik, cesaret, daha da iyisini yapma hırsıyla yerçekimine karşı zafer kazanmaktan sevinç duyulur. Yürümekse her adımda yerçekimini, dünyanın kaçınılmaz kütle çekim kuvvetini tecrübe etmektir. Koşudan dinlenme aşamasına geçmenin etkileri şiddetlidir. Yanlarınızı tutarsınız, kan ter içindesinizdir, yüzünüz kıpkırmızıdır. Bedeniniz tükendiği, nefesiniz kesildiği için durursunuz. Yürürken durmaksa doğal bir tamlamadır: Yeni bir görüntüyü bağrınıza basmak, manzarayı içinize çekmek için durursunuz. Sonra yeniden yürümeye başladığınızda sanki hiç durmamışsınızdır. Yürümekle soluklanmak arasında bir devamlılık vardır, çünkü mesele yerçekimine karşı gelmek değil, onu tamamlamaktır.

Dolayısıyla yürümek durmadan faniliğimizi hatırlatır bize; kaba ihtiyaçlarla ağırlaşmış bedenlerimiz nihayetinde toprakla bir bütündür. Yürümek kendimizi topraktan yukarılara taşımak, yerçekimini yenmek veya hız ve yüksekliğin aldatmacasıyla faniliğimizi unutmak değildir; yerin kütlesiyle, bedenin kırılganlığıyla ve bu yavaş yavaş gömülmeyle uzlaşarak faniliğe alışmaktır. Yürümek ayakta, öne eğilmiş bir bedenden ibaret olmayı kabullenmektir. Ancak şaşırtıcı olan şudur ki bu yavaş teslimiyet, bu müthiş dermansızlık bize var olmanın, o eğilmiş bedenden fazlası olmamanın ermiş sevincini yaşatır. Kurşundan bedenlerimiz, orada yeniden kök salacakmış gibi, her adımda düşer toprağa. Yürümek dimdik ölmeye yapılan bir çağrıdır.

Temel Şeyler

Birkaç günden, bir haftadan uzun yürüyüşlere çıkılacağı zaman, çanta toplanırken hep aynı soru gelir akla: Bu şey gerçekten lazım mı? Burada mesele yüktür tabii. Çünkü tam da yürüyüşle bir iyi olma hali yakalayacakken, ağır bir yük yürümeyi kabusa çevirebilir. Dolayısıyla aynı soru sürekli sorulur: Buna *gerçekten* ihtiyacım var mı? Çünkü elden geldiğince kısmak şarttır. İlaç ve ilk yardım malzemesi, tuvalet malzemesi, kıyafet, yiyecek, uyku ekipmanı ve gereksiz olanları elemeye, işe yaramaz olanları çıkarmaya yönelik takıntı. Sadece yürümeye, hayatta kalmaya yarayacak olanları almak. Yürürken tek ihtiyacınız, sizi soğuktan ve açlıktan koruyacak şeylerdir. Normalde seyahat sırasında *zaman öldürmek* için yanınıza aldığınız kişisel eşyalara gerek yoktur.

Thoreau, "Sanki sonsuzluğu yaralamadan zamanı öldürebilirmişiz gibi," diye yazmıştı. Zamanı öldürmek için değil, bağrımıza basmak, yapraklarını, çiçeklerini teker teker, saniye saniye koparmak için yürürüz. Zaman öldürmeye, sıkıntıyı alt etmeye, bedeni ve zihni eğlendirmeye yarayan her şey çok ağırdır. Götüreceklerimizle bırakacaklarımızı seçerken, ne pimpiriklenmek, ne görünüşü, rahatlığı ve tarzı düşünmek, ne de toplumsal hesaplamalar yapmak gerekir. Önemli olan tek şey, ağırlık ile verim arasında kurulacak sıkı bir ilişkidir. Yürürken yalnızca zaruri olana ihtiyacınız vardır. Yürümek kiri pası ovulmuş (toplumsal verniğin kazındığı), safrası atılmış, sosyal becerilerden kurtulmuş, kofluklardan ve maskelerden sıyrılmış bir hayat yaşamaktır.

Zaruri olan kullanışlı olanın bir kademe altındadır. Kullanışlı olan eyleme geçme gücünü, faydaları çoğaltır, bir yeterliliği pekiştirir. Başkalarının takdirine veya insanın kendi gösterişine bağlı olan şeyler kullanışsız ve fuzulidir.

Kullanışlı olanın hemen altında zaruri olan vardır.[63] Değiştirilemez, yeri doldurulamaz, vazgeçilmez olan; yokluğunun bedeli tıkanmayla, gayriihtiyari bir duraklamayla, fiziksel rahattan uzaklaşmayla ödenen her şey zaruridir. Sağlam ayakkabılar, hava koşullarına dayanıklı giysiler, erzak, ilk yardım malzemeleri, haritalar... Kullanışlı olanın doğal muadili hemen her zaman bulunur: sopa, baston, değnek yerine dallar; peçete, yatak yerine otlar.

En altta temel şeyler vardır. Bunda hemen her şey tersinedir. Cévennes'de bir dağın eteklerinde olduğumu hatırlıyorum; zirveye ulaşmak için altı yedi saatlik bir yürüyüş vardı önümde. Hava güzel, geceler de henüz ılıktı. Orada çantamı bir ağacın kovuğuna koymaya karar vermiştim. Ne omuzlarımda ne de ceplerimde bir şey vardı. Hiçbir şeyim olmadan iki gün geçirdim öyle. Bunun yarattığı etki öncelikle müthiş bir hafiflikti, zaruri şeylerden, hatta asgarisinden bile kurtulmuştum. Gökyüzü ve yeryüzüyle aramda artık hiçbir şey kalmamıştı (derelerden avuçlarımla içtiğim soğuk su; dağ çilekleri ve yaban mersinleri; kanepe yerine yumuşak toprak).

Temel şey mevcudiyetin bütünlüğü olarak belirir. Zaruri şey kullanışlı olandan ayrıdır. Doğanın temelinde bulunan şey size ayak bağı değildir; hiçbir şeyi olmayanın her şeyidir o.

63. Burada zaruri şeyle temel şey arasında yapılan ayrım daha önce Kiniklere ilişkin yaptığımız ayrımın başka bir ifadesi değildir. Kinikler bu iki kavramın ayrı ayrı etkili olmasına ve her birinin bildik ikilikleri (görünüş ve öz, kullanışlı ve fuzuli) nasıl yok ettiğini göstermeye çalışmışlardır. Buradaki temel şey, zaruri ve kullanışlı şeylerden farklıdır.

Temel şeyler, kendini tüm saflığıyla sadece zaruri şeylerden kurtarabilene sunduğu için varlığı güç bela hissedilen ilk, ilkel katmandır. Yürümek bazen belli anlarda onu hissetmemizi sağlar. Öbür türlü ona ulaşmak acımasız, tehlikeli ve uç noktada bir dönüşüm gerektirir.

Burada güvenceyle güveni birbirine karıştırmamak gerekir. Güvence kötü hava koşullarıyla, dört bir yana giden yollarla, su kaynaklarının yokluğuyla, gecenin soğuğuyla başa çıkmak için *zaruri* şeylere, yani *gerek duyulacak* şeylere sahip olduğunuzu bilmekten ileri gelir. Ekipmanınıza, deneyiminize, öngörü yeteneğinize bel bağlayabileceğinizi hissedersiniz. Koşullar ve durumlar üstünde hâkimiyet kurmaya alışık aklıbaşında ve sorumluluk sahibi teknoloji insanlarına has bir güvencedir bu.

Zaruri şeye bile sahip değilken yürümekse kendini doğal unsurlara bırakmaktır. Hal böyleyken hiçbir şeyin, planların, hesaplamaların, kişisel güvencelerin önemi kalmaz. Sadece dünyanın cömertliğine duyulan dolu dolu, eksiksiz bir güven mevcuttur. Taşlar, gökyüzü, toprak, ağaçlar, hepsi bizim için birer tamlayana, armağana, desteğe dönüşür. Kendimizi ona bıraktığımızda, yüreği tatmin eden hiç bilmediğimiz bir güven kazanırız, çünkü bu yolla, bizi kendimizi koruma vazifesinden bile kurtaran bir Öteki'ye bütünüyle tabi oluruz. Temel şey, kendimizi emanet ettiğimiz ve bize bütün olarak verilmiş şeydir. Fakat onun yapısını, dokusunu anlayabilmek için zaruri şeyi aşabilme riskini göze almamız gerekir.

Mistik ve Siyasetçi
Gandi

Ardımıza dönmeyeceğiz.

Mohandas Karamchand Gandi, 10 Mart 1930

Gandi Aralık 1920'de, Britanya'nın himayesinden kurtulmak için çizdiği yolun herkes tarafından takip edilmesi durumunda, Hindistan'ın bir sonraki yıl bağımsızlığa kavuşacağını öngörür. Bütün faaliyet alanlarına yavaş yavaş yayılan bir direniş, kademe kademe ilerleyen sivil itaatsizlik, giderek artan iktisadi yeterlilik ve her şeyden önemlisi de bu ayaklanma seferberliğine karşı kaçınılmaz olarak gelişecek bütün baskılara karşı şiddete başvurmayı reddeden bir yol. Bu öngörüyü yaptıktan sonra Gandi geleneksel pamuk dokumacılığını göklere çıkarıp, ithal kumaşların yakılacağı şenlikler düzenleyerek Hindistan'ı bir uçtan bir uca gezer.

Ancak İngilizler taviz vermez ve Mahatma'nın ("Büyük Ruh") aceleye gelmiş çağrısı, devasa bir tutuklama dalgasına sebep olur. Fakat sivil itaatsizlik iyi bir başlangıç yapmıştır ve talimatlar dört bir yanda karşılık bulmaktadır: Alkol satış noktaları önüne grev gözcüleri yerleşir, ithal kumaşlar boykot edilir, mahkeme celpleri yanıtlanmaz. Ama nihayetinde şiddet patlak verir ve düzen sağlayıcılarla yüz yüze gelen göstericiler arasından ölenler olunca öfkeli bir güruh bir karakolu ateşe verir ve yaklaşık yirmi polis diri diri yanar. Gandi yine, 1919 Amritsar katliamından sonra yaptığı gibi, sivil itaatsizlik hareketini durdurur, şiddete başvuran isyancıları temize çıkarıp ölümlerin sorumluluğunu üstlenir ve oruç tutmaya başlar.

Kısa süreliğine hapis yattığı, Dokunulmazlar'ın dışlanmasına karşı mücadele etmek, kadın haklarını savunmak, halka temel hijyen kurallarını öğretmek için Hindistan'da uzun gezilere çıktığı bir on yılın sonunda Gandi, Ocak 1930'da İmparatorluk'a başkaldırmaya karar verir ve yeni bir şiddete başvurmadan direnme seferberliği başlatır. Fakat bu defa yola nasıl koyulacağından, nereden başlayacağından, boyun eğmeyi olabilecek en geniş katılımla ve sakince reddetmek için nasıl bir propagandaya girişeceğinden emin değildir. Hatta 18 Ocak'ta ziyaretine gelen şair Rabindranath Tagore'ye, "Etrafımı çevreleyen gölgeler arasında hiç ışık görmüyorum," diye itiraf eder.

Kendi tabiriyle içindeki "küçük ses" çok geçmeden onunla konuşarak denize yürümesini ve orada tuz toplamasını söyler. Gandi yeni bir *satyagraha*'ya[64] karar verir: tuz yürüyüşü. Bunun ardında ikili bir strateji vardır: daha kökten bir muhalefetin başlangıcı olarak tuz vergisini kınamak ve bu kınamayı bir toplu yürüyüş biçiminde tertip etmek. İngilizler tuz toplama işinde tekeldi. Kimsenin tuz ticareti yapmaya, hatta kişisel kullanım için az miktarda bile tuz çıkarmaya hakkı yoktu. Şahsi tüketim için tuz çıkarabilecek nüfusun bulunduğu yere yakın yataklardaki tuz tortuları bile yok edilirdi. Tuz denizin armağanı, mütevazı ama fazlasıyla elzem bir besin maddesidir. Herkes tuz vergisinin adaletsizliğinin farkına varır, bunu sesli söylemek dahi ortada ne kadar kepaze bir adaletsizliğin hüküm sürdüğünü göstermeye yeter. İkinci dâhiyane fikir, bir toplu yürüyüş tertip edip kıyıya, Sabarmati aşramından[65] Jala-

64. İleride göreceğimiz üzere, kabaca "hakikatin gücü" olarak çevirebileceğimiz bu ifade, şiddeti en başından topyekûn reddederek kalkışılan kararlı bir kolektif eylemi tanımlar.
65. Gandi'nin, düşüncelerini temel alan ilke ve kurallar çevresinde, çalışmalarını ilerletmek ve öğrencilerini eğitmek amacıyla kurduğu komünal yapı.

pur yakınlarındaki deniz kıyısında bulunan Dandi tuz yataklarına kadar yürümektir.

Gandi yürümenin ruhani ve siyasi önemini uzun süredir biliyordu. Daha genç bir adamken Londra'da hukuk derslerine gidebilmek ya da vejetaryen lokantası bulabilmek için düzenli olarak günde beş ila on beş kilometre yürürdü. Bu yürüyüşler Hindistan'ı terk ederken annesine ettiği üç yemine (kadın yok, alkol yok, et yok) uygun yaşamasına, hem bu yeminlere sadakatini sınamasına hem de kendi sebatını ölçmesine yardım ederdi. Gandi hem kendine hem de başkalarına ettiği yeminlere, şu veya bu alışkanlığı ya da tavrı bırakmaya yönelik taahhütlere her zaman büyük önem verirdi. Yeminlerini çiğnemezdi. Her zaman iradesini ve özdisiplinini kuvvetlendirirdi. Yürümek kişinin kendiyle, muğlak bir iç gözlem yöntemiyle değil de (bunun için daha ziyade kanepeye uzanırsınız), kılı kırk yaran bir kendi kendini tetkik etme yöntemiyle kararlı bir ilişki kurmasını sağlar. Yürürken kendi hesabınızı tutarsınız; kendinize çekidüzen verir, meydan okur, kendinizi değerlendirirsiniz. Gandi Güney Afrika'da avukatlık mesleğini icra ederken, bu defa Tolstoy çiftliğinden Johannesbourg'a kadar düzenli olarak otuz dört kilometre yürür. Natal'da öncülük ettiği mücadelede, yürümenin siyasi boyutunu yeniden dener. Güney Afrika'nın zulme varan ayrımcılığına ve adaletsiz vergilerine boyun eğmiş Hintlilerin haklarını savunurken, halk meydanlarında basit gösteriler yapmak yerine, 1913'te birkaç gün süren bir dizi toplu yürüyüş düzenler. Amaç şiddete başvurmadan protesto ederken kendini tutuklatmaya çalışmaktır. Bir eyaletten diğerine (Natal'dan Transvaal'a) geçiş izni olmadan yapılacak toplu yürüyüşleri düzenlerken Gandi'nin aklında geniş çaplı, ses getirecek kolektif ve sakin bir sivil itaatsizlik başlatmak vardır. Gandi 13 Ekim 1913'te, yürüyen büyük bir kalabalığın, sadece biraz ekmek ve şekerle beslenen, yalınayak iki binden fazla insanın lideri konumuna işte böyle gelir. Yürüyüş bir hafta sürer. Gandi kısa süre sonra tutuklanır, elli bin kadar Hintli hemen grev ilan eder. General Smuts, Gandi'yle görüşmek zorunda kalır ve Hintli toplulukların çıkarlarına uygun bir dizi anlaşma imzalar.

1930 Şubat'ında, artık altmış yaşında olan Gandi, tuz yürüyüşü planını tamamen şekillendirir. Çarpıcı bir oluşum, kolektif bir destandır bu. Gandi kararlı militanlardan oluşan bir çekirdek ekip kurar: kendi yetiştirdiği, özdisiplinlerine ve özverilerine güvendiği *satyagrahi*'ler. En genci on altı yaşında yetmiş sekiz militan yürüyüş için toplanır. 11 Mart'ta akşam duasından sonra Gandi binlerce kişiden, kendisinin tutuklanması halinde, sivil itaatsizlik hareketini barış ve sükunet içinde onsuz sürdürmesini ister. Ertesi gün sabah altı buçukta elinde değneği (demir gibi sağlam kalın bir bambu), yanında da kendisi gibi eldokuması pamuklu giysiler giymiş, sayıları sekseni bile bulmayan talebeleriyle düşer yola. Kırk dört gün sonra deniz kıyısına varıldığındaysa bu sayı birkaç bine ulaşır.

Günler ilerlerken bir düzen de oturur: Sabah altıda kalkılıp dualar edilir, meditasyon yapılır ve ilahiler söylenir, sonra tuvalete gidilir, hafif bir yemeğin ardından kalabalık yürümeye başlar. Yol üstündeki köylerde bayram havası vardır; yürüyüşçülerin ayakları rahatlasın diye yollar sulanıp yaprak ve çiçeklerle donatılır. Gandi her köyde durur ve insanları İmparatorluk'la yaptıkları her türlü işbirliğini bırakmaya (ithal ürünleri satın almamaya, İmparatorluk'un resmi temsilciliği görevinden istifa etmeye) çağırır sakin bir dille. En önemlisi de tahriklere karşılık vermemek, sert müdahaleleri önceden kabul edip tutuklanmaya direnmemektir. Başarılı da olurlar. Yabancı muhabirler yürüyüşü her gün takip edip olan biteni tüm dünyaya aktarırlar. Hintli genel valinin bu olanlara verecek cevabı yoktur. Gandi'nin günlük düzeni değişmez: Sabahları

dua eder, gün boyu yürür, akşamları çıkrığıyla pamuk eğirir, geceleri de günlüğüne yazar. Bir buçuk aydan uzun süren yürüyüşün ardından 5 Nisan'da nihayet deniz kıyısındaki Dandi'ye ulaşır ve geceyi talebeleriyle dua ederek geçirir. Sabah sekiz buçukta okyanusa yönelir, suya girer, kumsala döner ve binlerce kişinin önünde o yasak hareketi yapar; yavaşça eğilip yerden bir parça tuz alırken, şair Sarojini Naidu da, "Selam olsun sana Kurtarıcı!" diye haykırır.

Bu muazzam yürüyüşün ortaya çıkışında ve hayata geçirilmesinde, Gandi'nin inançlarıyla bağlantılı birçok ruhani boyut bulunur.

Öncelikle yürüyüşün yavaşlığında hızın reddedilmesi vardır; Mahatma'nın makinelere, hızla artan tüketime ve körü körüne üretimciliğe güvensizliği bu şekilde ifade bulur. Gandi, Londra'dan Güney Afrika'ya giderken gemide kaleme aldığı Kasım 1909 tarihli bir metinde (*Hind Swaraj*) modern uygarlığı eleştirir. Bu metin, şiddet içermeyen bir yolun savunusu olmanın yanı sıra bir gelenek savunusu, yavaşlığa adanmış bir övgü gibidir. Gandi'ye göre gerçek zıtlık Batı ile Doğu arasında değil, güçlerin bir araya toplandığı, hız ve makine uygarlığıyla gelenek, dua ve elişçiliği uygarlığı arasındadır. Yine de bu, geleneğin sakinliğiyle fatihlerin azgınlığı arasında değil, iki enerji –kadim olanın enerjisiyle değişim enerjisi– arasındaki ayrım anlamına gelir. Gandi için fark muhafazakâr uyuşuklukla maceraperest gözü peklik arasında değil, dingin güçle durmak bilmez çalkantı arasında, sakin aydınlıkla kör edici parlaklık arasındadır.

Gandi'ye göre bu sakin enerji anaç ve dişildir. Yavaş yürümek, geleneksel toplumlarda yüzyıllar boyunca kadınlara atfedilmiştir: Kadınlar su çekmek için uzaklardaki kaynaklara gider veya bitki ve şifalı otlar toplamak için yollara çıkarlardı. Erkeklerse avlanmak gibi büyük kuvvet gerektiren, hızlı,

ani koşular ve çeviklik isteyen işleri yüklenirlerdi. Gandi'yle yürümek, dayanıklılığın sakin enerjilerini beslemektir. Yürürken ani eylemlerden, kazanmaktan ve sömürüden uzaklaşırız. Asıl yürüyüş Gandi'nin sevdiği o alçakgönüllülükle yapılır ve böylece ağırlığımızı, zayıflığımızı sürekli hatırlarız. Yürümek yoksulların harcıdır. Fakat alçakgönüllülük yoksullukla aynı şey değildir, sınırlarımızla barışmaktır: Her şeyi bilemeyiz, her şeyi yapamayız. Bildiklerimiz Hakikatin, yapabileceklerimiz de Gücün karşısında birer hiçtir. Bu kabul haddimizi bilmeyi öğretir. Bütün taşıtlardan, makinelerden, vasıtalardan uzakta yürürken dünyevi insanlık durumuna döner, insanın doğuştan gelen, temel yoksulluğunu kendimde cisimleştiririm. Alçakgönüllülük bu yüzden küçük düşürücü değildir: Tek yaptığı, gösterişi beyhude kılıp bizi sahiciliğe doğru dürtmektir. Ayrıca yürüyüşte bir onur vardır: Dik dururuz. Gandi'nin anlayışına göre alçakgönüllülük, insanlık onurumuzu kanıtlar.

Yürümek Gandi'nin mülkiyetsizlik (*aparigraha*) yollarından geçerek ömrü boyunca izini sürdüğü sadeleşmeyle de uyuşur. Gandi kusursuz beyefendiden, Churchill'in alayla söylediği gibi, "baldırı çıplak fakir"e dönüşürken, yaşamın bütün katmanlarından –giyim kuşam, barınma, beslenme, ulaşım vb.– sıyrılmanın peşindedir. Londra'da redingot, kruvaze yelek, çizgili pantolon giydiği ve gümüş topuzlu bir baston taşıdığı gençlik yıllarından, sadece eldokuması pamuklu beyaz *dhoti* giydiği son yıllarına kadar giyim kuşamı kademe kademe sadeleşir. Güney Afrika'dayken komün çiftliklerde yaşamak için Johannesburg'daki rahat evini bırakıp çiftliklerin günlük işlerini üstlenir. Üçüncü sınıf yolculuk yapmayı onur meselesi haline getirir ve hayatının sonuna geldiğinde artık sadece taze meyve ve cevizle beslenir. Yaşamını sadeleştirerek, öze doğru daha hızlı, daha doğrudan, daha emin ilerler. Yürümek kusursuz bir sadeliktir: Bir ayak diğerinin önünde,

iki bacak üzerinde ilerlemenin başka yolu yoktur. Fakat bu sadeliğin bir de siyasi maksadı vardır. Gandi temel ihtiyaçlar dışında lüks içinde yaşamanın, insanın komşusunu sömürmesi anlamına geldiğini söyler.

Yapılması gereken yolu tıkayan, kafa karıştıran, engel olan her şeyden kurtulmaktır. Yürümek –toplu yürüyüş– özerklik idealini teşvik eder. Gandi ömrü boyunca yerli zanaata, yerel üretime büyük değer vermiştir. Hatta çıkrıkçılığı yeniden canlandırıp her gün çıkrığıyla pamuk eğirmeyi de görev bellemiştir. Ellerle çalışmak başkasının sömürülmesini reddetmektir. Toplu yürüyüş, Gandi'nin Hintlileri İngiliz kumaşlarını, alkolünü ya da işlenmiş ürünlerini boykot etmeye çağırırken kullandığı *swadeshi* kelimesindeki çifte ideali tek başına gerçekleştiriyordu: "yakınlık" ve "kendine yeterlik". Yürürken insanlarla gündelik yaşamları üzerinden temas kurulur: Çalıştıkları tarlalardan, evlerinin önünden geçer, durup onlarla konuşursunuz. Yürümek anlamak ve yakın hissetmek için doğru bir hız verir size. Ayrıca kendinizden başkasına bel bağlamazsınız. Kendinizi teslim ederseniz, sadece iradeniz görev başında olur ve sonrasında da inisiyatif sadece sizin elinizdedir. Ne makineye ne yakıta ihtiyacınız vardır, hele ki yürümek gözünüze artık bu kadar faydalı görünüyorken. Gandi bunu 1930'daki toplu yürüyüşte tecrübe eder; 390 kilometreden fazla yürüdükten sonra, yola çıktığı zamanki haline nazaran ışıl ışıldır.

Gandi yürüyüş eylemi boyunca yola devam etmek için sebat ve metanet telkin eder. İşin bu boyutu çok önemlidir zira yürümek ağır ama kesintisiz bir çaba gerektirir. Gandi başlatmak istediği mücadeleyi ifade edebilmek için Güney Afrika'dayken katıldığı siyasi bir toplantıda kendi eylem tarzını ortaya koyacak yeni bir sözcük bulur: *satyagraha*. *Satyagraha*'da güçle hakikat iç içe geçmiştir ve hakikate sağlam bir kayaya tu-

tunur gibi sıkıca tutunmak gerekir. Yürümek azim, sebat ve irade gücü gerektirir. Gandi mücadele yılları boyunca orada burada kurduğu komünal yapılarda talebelerini bu doğrultuda eğitir. *Satyagrahi*'nin temel fazileti, kendine hâkim olmadır. Şiddete karşılık vermemeyi, haksız yere de olsa tutuklanmaya direnmemeyi, küçük düşürülmeye, aşağılamalara, hakaretlere katlanmayı gerektirir. Kendine hâkim olmak iki yönlü bir ustalıktır: Hem öfke ve kızgınlık patlamalarının, hem de yeisin ve korkaklığın önüne geçebilme, sakin, kıpırtısız, serinkanlı kalma ve hem kendinden hem de hakikatten şüpheye düşmeme becerisidir. Yürümek öfkeyi söküp alır, insanı arındırır. *Satyagrahi*'ler denize ulaştıklarında, haksızlığa uğramanın yarattığı öfke ve nefreti üstlerinden atmışlardı; geriye kalan tek şey, yasaları hiçe saymaya yönelik sakin bir kararlılıktı, haksız ve insafsız yasaları duanın dinginliği ve sağlamlığıyla ihlal etmek bir ödeve dönüşmüştü.

Kendine hâkim olma ustalığı, bütün varlıklara karşı eksiksiz bir sevgi beslemenin ve şiddete başvurmamanın koşuludur: *ahimsa*. Öğretinin kalbinde bu yatar. Gandi'deki şiddet reddi pasif bir geri çekilme, yansız bir teslimiyet ya da itaat değildir. Daha önce bahsi geçen onur, disiplin, metanet, alçakgönüllülük, enerji boyutlarını bir demet haline getirip, tek bir tavır olarak gözler önüne sermektir. Şiddete başvurmama basitçe gücün reddedilmesi değil, fiziksel güce sadece ruhun gücüyle karşı gelme meselesidir. Gandi şiddet uygulandığında, gaddarlık katlanarak arttığında hiçbir şekilde direnmeyin demez. Neredeyse tam tersini söyler: Olabildiğince uzun süre dik durarak ruhunuzun bütün gücüyle, onurunuzu asla ayaklar altına aldırmadan, bir şiddet ve nefret topluluğu içinde dövenle dövülen arasında yeniden eşitlik ya da tekabüliyet yaratacak bir nebze bile saldırganlık, yahut başka bir tepki göstermeden direnin. Bilakis, size vuran kişiye sonsuz bir şefkatle yaklaşın. Bir tarafta kör, fiziksel ve nefret dolu öfke, diğer tarafta sevgi kaynaklı ruhani bir gücün bulunduğu bu ilişki her açıdan asimetrik kalmalıdır. Sağlam durulabilirse bu ilişki tersine döner; fiziksel güç onu kullanana, öfkeden kuduran kişiye zarar verirken, onun yere serdiği kurban tüm insani vasıfları kendinde toplar ve üstüne çıkılmak istenirken tersine kurban edilen en yüce insanlık katına çıkmış olur. Şiddeti reddetmek, şiddeti mahcup eder. Fiziksel şiddetin karşısına yüce insanlığı ve yapmacıksız onuruyla çıkan birine vurmaya devam eden kişi kendi onurunu ve ruhunu kaybeder.

Satyagrahi'ler, Dharasana'daki tuz işletmelerini halk adına ele geçirmek üzere Mayıs 1930'da başladıkları o korkunç yürüyüşte tam da bunu yaparlar. Gandi bir mektupla genel valiyi bu yürüyüş ve hedefi hakkında bilgilendirerek, tuz vergisi kaldırılmadığı müddetçe bu eylemin devam edeceğini yazmıştır. Fakat Gandi tutuklanınca planladığı tuz işgaline katılamaz. Dört yüz polis, ellerinde çelik uçlu sopalarla tuz ocaklarında beklemektedir. *Satyagrahi*'ler dağılmayı reddederek yavaşça ilerlerler. Polis kordonuna vardıklarında, inmeye başlayan korkunç darbeleri çıt bile çıkarmadan karşılayıp yere yığılırlar. Arkadan gelip onların yerine geçen bir sonraki saf da payına düşeni alır. Manzara korkunçtur, çünkü *satyagrahi*'ler kendilerini kollarıyla bile korumaya çalışmadan omuzlarına ve başlarına darbe üstüne darbe alırlar. Öfkeden kudurmuş polisler yerde yatanlardan bazısını öldüresiye döver. Bu kıyıma tanık olan United Press muhabiri Webb Miller, *satyagrahi*'lerin yere yığılmadan önce "başları dik, emin adımlarla" sessiz, kararlı bir şekilde ilerlediklerini anlatır. Bir tek sopa darbelerinin, parçalanan kemiklerin sesiyle ve boğuk inlemelerle kesilen, insanın içine işleyen bir sessizlik hâkimdir. Bu eylemde yüzlerce insan yaralanır.

Fakat 1930 hareketinin siyasi kazanımları ne beklentilerin ne de eylemin büyüklüğünün yanına yaklaşır. Gandi-Irwin anlaşması (Şubat 1931) küçük imtiyazlarla sınırlı kalır ve Gandi'nin aynı yılın Eylül ayında katıldığı Londra Konferansı'nda hiçbir ilerleme kaydedilmez. II. Dünya Savaşı 1939'da patlak verdiğinde, Hindistan hâlâ sömürgedir. Hindistan'la Pakistan arasındaki bölünmeye mâl olan bağımsızlık Ağustos 1947'de elde edilir, ancak bu bölünme, her zaman birlik ve kardeşlik içinde bir özgürlük düşlemiş Gandi için en kötü çözümdür.

Gandi yaşamı boyunca durmadan yürür, hatta mükemmel sağlığını bu alışkanlığına bağlar. Ömrünün son yıllarında rüyasının hem gerçekleştiğini hem de yitip gittiğini görür: dağılmayla gelen özgürlük. Britanya 1940'ların sonunda Hindistan'dan çıkmaya hazırlanırken, Britanyalıların ülkeyi bölüp yönetmek için dini topluluklar arasında körüklediği çekişmeler alevlenir ve çok geçmeden Hindu, Müslüman ve Sih topluluklar arasında eşi benzeri görülmemiş kıyımlar başlar.

Gandi 1946 kışında değneğini yeniden eline alıp, herkesle konuşup herkes için dua ederek, sevgiyi ve kardeşliği yeniden canlandıracağı ümidiyle, nefretin parçaladığı iki bölgede (Bengal ve Bihar) köy köy dolaşmaya karar verir. 7 Kasım 1946'dan 2 Mart 1947'ye kadar yürüyerek onlarca köye uğrar. Gandi yokluğun huzur ve barış getirdiğini göstermek için yürür. Her sabah okuyup yazmak için saat dörtte kalkar, payına düşen kadar pamuğu eğirir, herkesin dua ettiği ayinleri yönetir, barışa dair ortak noktalarının altını çizerek kutsal Hindu ve Müslüman metinlerini yorumlar ve yürür. Her sabah Rabindranath Tagore'nin ürkütücü mısralarını okuyarak çıkar yola:

Yalnız yürü.
Çağrına kulak vermiyorlarsa eğer, yalnız yürü;
Korkar da dehşet içinde duvara dönerlerse yüzlerini,
Ah sen, kara bahtlı,
Aç zihnini ve yalnız konuş.

Yoldan cayar da bırakırlarsa yabanda seni,
Ah sen, kara bahtlı,
Yolun üstündeki dikenleri çiğne ve
Kana bulanmış o yolda yalnız yürü.

Eylül 1947'de "Kalküta mucizesi" gerçekleşir; sırf orada bulunması ve aldığı oruç kararı kenti kırıp geçiren nefret yangınını söndürmeye yetmiştir. Bağımsızlık Ağustos'ta ilan edilir; Hindistan'la Pakistan'ın ayrıldığının duyurulması ise topluluklar arası çatışmaları tetikler.

Gandi 30 Ocak 1948'de bir Hindu fanatik tarafından öldürülür.

Gandi bütün gün bir elini genç yeğeninin omzuna koyarak, diğeriyle değneğini tutarak köyden köye, kıyımdan kıyıma yürüyen, sadece inancının gücüyle ilerleyen, sevginin gerçekliğine ve husumetlerin saçmalığına vurgu yapan, dünyadaki şiddete ağır, alçakgönüllü, bitimsiz bir yürüyüşün sonsuz huzuruyla karşı koyan, fakirin de fakiri gibi giyinmiş, yetmiş yedisine merdiven dayamış yaşlı bir adam olarak yer etmiştir akıllarda.

Gandi'nin yoldaşı ve özgür Hindistan'ın ilk lideri Jawaharlal Nehru'nun aklına da bu görüntü kazınmıştır. Onu düşündüğünde özellikle tuz yürüyüşünü hatırlayan Nehru şöyle yazar:

> Çoğunlukla gülen ama aynı zamanda dipsiz, hüzünlü gölleri andıran bakışlarıyla o yaşlı adamın bir dolu görüntüsü canlanıyor zihnimde. Fakat içlerinden biri hep öne çıkıyor: Onu 1930'da elinde değneğiyle tuz yürüyüşünde görüyorum. O hakikatin peşindeki seyyahtı; sakin, yumuşak başlı, kararlı ve korkusuz.[66]

66. Jawaharlal Nehru, *La Promesse tenue*, L'Harmattan, Paris, 1986.

Tekrar

Yürüyüş sıradandır, tekrara dayanır, tekdüzedir. Ama asla bıkkınlık vermemesinin nedeni de budur. Öncesinde belirtildiği üzere, tekdüzelikle can sıkıntısını birbirinden ayrı tutmak gerekir. Can sıkıntısı planların, beklentilerin olmamasından kaynaklanır. Boş boş kendi etrafınızda dolanırsınız. *Belli bir şey* beklemeden bekleriz; hiçbir şeyin beklentisi içinde olmadan, boş bir zamanda sonsuza dek askıya alınmaktır bu. Sıkılan beden yatar, kalkar, kollarıyla havayı döver, bir o yana bir bu yana gider, aniden durur, sonra yeniden başlar kıpırdanmaya. Her saniyeyi doldurmaya çalışır çılgınca. Can sıkıntısı, hareketsizliğe karşı beyhude bir isyandır; yapacak bir şeyiniz yoktur, hatta yapacak bir şeyler bulmaya bile yeltenmezsiniz. Canınız sıkılırken kendinizden ümidi kesersiniz. Her şeyden bıkarsınız hemen, çünkü kendi inisiyatifinizdedir bu. Kırılma dışarıdan gelmek zorundadır. Bu durum sizi çetin bir sınavla yüz yüze getirir ve arzularınızın ne kadar kısır olduğunu anlarsınız. Canınız sıkılırken her an yinelenen bir tatminsizlik, başlangıçlara karşı bir tiksinti duyarsınız: Her şey başlar başlamaz bıkkınlık verir çünkü başlangıcı yapan sizsinizdir.

Yürümekse böyle bir bıkkınlık yaratmaz. Sadece tekdüzedir. Yürürken bir yerlere gidiyorsunuzdur, hareket halindesinizdir, adımlarınız düzenlidir. Yürüyüşte o kadar çok düzenli ve ritmik hareket vardır ki hareketsiz bir bedende dört dönen zihnin kışkırttığı can sıkıntısı yanınıza bile yaklaşamaz. Keşişler *acedia*'ya,[67] ruhu kemiren o sinsi hastalığa karşı yürümeyi önerirler. O halde, bir gayeye ve hedefe sahip yürüyüşü, melankolik aylaklıktan ayırt etmek genel anlamda doğrudur.

Montaigne kendi *proumenoir*'ından bahseder sıkça. Zihin fikirleri canlandırmak, düşünceyi ileri taşımak, yaratıcılığı artırmak için faal bir bedene gereksinim duyar.

> Kıpırdamadan oturduğumda düşüncelerim uykuya yatıyor; tahayyülüm bacaklarımla daha iyi ilerliyor.[68]

Dolayısıyla düşünce tıkanmışken masa başında oturmanın hiçbir faydası yoktur. Ayaklanıp birkaç adım atmak gerekir. Bedeni hareketlendirerek zihni yeniden etkinleştirmek için yürüyün.

Buradaki işleyiş bir tetiklenmedir: etkinleştirmek için yürümek. Bunun ötesinde yürüyüş, düzenliliğiyle öyle bir salınım sağlar ki âdeta şiir yazarsınız; ritme girer, vezninizi bulursunuz. Örneğin İngiliz romantik Wordsworth. Şairin nerede çalıştığını sorduklarında kız kardeşi eliyle bahçeyi gösterip, "İşte çalışma odası," demiş. Meşhur şair uzun lirik şiirlerini yürürken yazarmış. Mırıldanarak bir aşağı bir yukarı dolaşır, doğru mısraları bulurken bedeninin ritminden faydalanırmış.

Yürümenin tarihi incelenirken Wordsworth mutlaka karşınıza çıkar; bu tarihçeyle uğraşan pek çok kişi onu uzun gezintilerin fikir babası sayar. Yürümenin hâlâ sadece yoksulların, berduşların, haydutların ve seyyar satıcıların işi olduğu

67. Yunanca "dikkatsizlik, ihmal, savsaklama" anlamlarına gelen *acedia*, bir çeşit uyuşukluk ve cansızlık halini tanımlar. Kişinin dünyadaki yerini veya durumunu umursamadığı bu hal, ardında yatan tinsel anlamlar dolayısıyla depresyondan ayrılır. Daha çok, soyutlanmış hayatlar süren keşişler ve münzeviler arasında görülen bir sorun olarak belirtilmiştir. –çn

68. Michel de Montaigne, *Les Essais*, III. Cilt, "Des trois commerces" bölümü içinde, Gallimard, Paris, 2007.

bir dönemde (on sekizinci yüzyılın sonu), yürümenin doğayla birlik kurmayı, bedeni tatmin etmeyi, manzara karşısında tefekküre dalmayı sağlayan şiirsel bir eylem olduğunu idrak eden ilk kişi Wordsworth'tür. Christopher Morley onun hakkında "bacaklarını felsefenin hizmetine sunan ilk kişilerdendir," diye yazar. Fransa'yı baştan başa yaya katetmiş, Alpleri aşmış, İngiltere'deki Göller Yöresi'ni gezmiş ve şiirlerini yazarken gezilerinden beslenmiştir. Ömrünün büyük bölümünü adadığı ve ölümünden sonra yayımlanan otobiyografik şiiri *Prelüd* üç yürüyüşün birleşmesinden ortaya çıkmıştır sanki: çocukluğundan yetişkinliğe kadar çıktığı yürüyüş, Fransa ve İtalya yollarındaki yürüyüş, son olarak da o dengeli ve tınılı mısraların yürüyüşü:

> İşte böyle süzüldüm o sessiz yoldan
> Bedenim yudumluyordu sükuneti
> Öyle bir iyileşme ki uyku gibi dingin
> Ama daha da tatlısı. Tepem, arkam, önüm,
> Her yanım huzur ve bir başınalıkla çevriliydi.[69]

O dönemde Wordsworth'ün anlaşılamaması ve hatta ona düşmanlık beslenmesi, ciddi ciddi yürümekle şöyle bir gezintiye çıkmak arasındaki farka işaret eder. Büyük bahçelerde çıkılan gezinti, sosyal ayrımları ortaya koyan bir tertipti. Çapraşık yolları, suç ortağı çalılıkları ve talihli kavşaklarıyla bu bahçelerde saklanır ve buluşurdu insanlar. Pek de yürüyüş sayılamayacak bu yürüyüşler gidip gelmelerden, adım başı durmaktan, incelikli sohbetler, şakalaşmalar, flörtleşmeler ve sırların paylaşılmasından mürekkepti. Bu gezintilerde baştan

69. William Wordsworth, *The Prelude*, Penguin Classics, Londra ve New York, 1995. [Türkçesi: *Prelüd – Bir Şairin Zihinsel Gelişimi*, çev. Nazmi Ağıl, YKY, İstanbul, 2010.]

çıkarma sanatı icra edilirdi. Gündelik işçinin emeğini satmak üzere tarlalara doğru çıktığı uzun ve yorucu yürüyüşlerin ya da dolambaçlı yollarda yoksulluğunu ve yazgısını peşi sıra sürükleyen yuvasız berduşun çıktığı yürüyüşlerin tam karşıtıydı bu gezintiler. İnsanlar bahçe yollarında yürümez, dans ederdi.

Wordsworth bir yoksul gibi düşerdi yollara, ama zorunluluktan değil, sırf zevkine. Herkesin şaşkın bakışları karşısında, bu tecrübenin kendisine "servet" kazandırdığını öne sürerdi. Şiirleri bu muazzam kültürel buluşların (uzun gezintiler, manzaraların güzelliği) dışında, yürüyüşün istikrarlı, tekdüze, cafcafsız ritmini de taşır. Wordsworth'ün şiirleri, kıyıya vuran dalgaların mırıltısı gibi yormadan sakinleştirir insanı.

Yürümeye meraklı bir başka şair daha bu dikkate değer tekdüzeliği çok sonraları mısralarına yansıtabilmiştir. Charles Péguy, tifoya yakalanan oğlu Pierre'e şifa aramak için çıktığı ve 1912'de Notre Dame de Chartres'ta tamamladığı hac yolculuğu sırasında ardı arkası kesilmeyen mısralar yazar:

Ellerimiz ceplerimizde, dümdüz ilerliyoruz,
Yok bir hazırlığımız, sırtımızda yükümüz ya da herhangi
bir lafımız,
Adımlarımız sakin, yok acelemiz ya da itirazımız,
Yanı başımızdaki tarlalardan en yakınımızdaki tarlaya,
Yürürken göreceksiniz bizi, bu bitli piyadeleri,
Tek seferde bir adımdan fazla ilerlemeyiz asla.[70]

Çok uzun yürüyüşler insana böyle lirik, tek telden bir ilahi söyletebilir. İlahiler özleri itibarıyla hacıların ve yürüyüşçülerin söylediği şarkılardır: Ya bir sürgünü, ezeli bir yabancıyı ("Şayet unutursam seni, ey Kudüs...") ya da Vaat Edilmiş

70. Charles Péguy, *Les Tapisseries*, "Présentation de la Beauce", Gallimard, Paris, 1957.

Topraklar'a duyulan hasreti ("Gözlerimi tepelere dikiyorum, yardım eli oradan uzanacak bana") anlatırlar.

İlahi, içeriğinin anlaşılmasından ziyade, telaffuz edilmek, tane tane okunmak, dile getirilmek, *ete kemiğe büründürülmek* zorundadır. Bedende hayata geçirilmelidir, öyle ki birçok kişi tarafından okunursa bir topluluğun bedeninde hayat bulur. Hindistan'da Pandharpur'a yürüyerek gidilirken, bugün dahi Tukaram ilahilerini okur insanlar. 1698'de en alttaki Sudra kastında doğmuş Marathalı cahil bir esnaf ("Ben Tuka denilen sefil kasta doğdum, kitap okumuşluğum yoktur") bir tepede tanrısıyla karşılaşır ve çok geçmeden aklında mısralar yazıp onları ezberden okumaya başlar; etrafındaki okuma yazma bilen müritleri de onun söylediklerini kâğıda aktarırlar. O zamandan beri Hindu hacılar, okumayı bilmeyen bu şairin ilahilerini okur yol boyunca:

Tanrım, ben
Küçük çakıl, büyük taş ya da tozumdur belki
Pandharpur yolunda,
Alınyazımdır ezilmek azizlerin ayakları altında!

Yürümek tekrarlardan müteşekkil bir şiir, yoldaki adımların sesi kadar sade sözler getirir insanın dudaklarına. İki koronun bir ilahiyi tek nota üzerinden sırayla mısra mısra okuduğu yöntemde de yürüyüşün yankısını buluruz. Bu yöntem, Aziz Ambrogio'nun deniz sesiyle kıyasladığı bir etki yaratır: Dalgalar kıyıya usulca vururken, çıkardıkları sesin düzenliliği sessizliği bölmez, onu şekillendirip *duyulabilir kılar.* Aziz Ambrogio'ya göre bu dalgalı ilahi okuma sanatı, ruha mutlu bir dinginlik verir. Yankılanan bu ilahiler, bir ileri bir geri giden dalgalar, yürüyen bacakların birbirini izleyen hareketini andırır; ama burada mevzubahis olan dünyayı parçalamak değil, *dünyanın mevcudiyetini hissedilir kılmak ve onunla aynı ritmi tutturmaktır.* Paul Claudel'in söylediği gibi, nasıl ki ses sessizliği erişilir ve faydalı kılıyorsa, yürüyüş de *mevcudiyeti erişilir ve faydalı* kılar denilebilir.

Yürüyüşte tekrarın, Aynı'nın tekrarının muazzam gücünü buluruz. Yürüyüş bedenin deviniminde inancın vezinle okunarak kavrandığı ilahileri doğurur. Tekrarın gücü bir dua okuma biçiminde de görülür: Ortodoksların Filokalya'da[71] "kalbin duası" diye andığı çok temel bir duanın sürekli olarak tekrar edilmesidir ("İsa Mesih Efendimiz, Tanrı'nın oğlu, ben günahkârım, merhamet eyle bana"). Bu duayı dakikalar ve saatler boyunca tekrarlamak, günü daimi bir niyaza dönüştürür. Dua nefesi kontrol ederek vurgulu okunur; ilk kısmı ("İsa Mesih Efendimiz, Tanrı'nın oğlu") nefes alınırken, ikinci kısmıysa ("ben günahkârım, merhamet eyle bana") nefes verilirken söylenir.[72]

Bu yöntemin amacı tek bir şeye yoğunlaşmaktır, fakat bu zihinsel bir yoğunlaşma değildir. Zihnin bir şeye kilitlenmesi değil, duayı okuyanın bütün varlığını duaya teslim etmesidir (beden nefes alıp verir ve mırıldanır, bütün duyular birleşir, ruhun tüm melekeleri duanın ilahiliğini yansıtır). Ortodoks papazlar buna "zihni kalbe taşımak" der. Papazlar dua ederken dikkatin dağılmasını, dalgınlaşmayı, yoğunluğu kaybetmeyi tehlike olarak görürler ve onların gözünde Tanrı'yı unutmaya eşdeğerdir bunlar. Bu ihmal, aşırı çalışırken, hayal gücünü uyaran oyunlarda veya meditasyonda bile kendini gösterir. Kalbin sebatla tekrar edilen mütevazı duası, bütün yabancılaşmaları kesip bizi içimizdeki Krallığa götürür, der

71. Dördüncü yüzyılla on beşinci yüzyıl arasında Ortodoks ruhani liderlerin yazdığı metinler koleksiyonu. –çn

72. Bu nefeslerin metafiziksel bir değeri vardır. Nefes almak melekelerin birleşmesini, nefes vermek de zorunlu bir rahatlamayı işaret eder.

papazlar. Kalp birleşme noktasıdır çünkü mevcudiyetin kaynağı ve dışa açılan yeridir, şehevi dürtüleri ve akıl kaymalarını önlemekten de mesuldür. Sadece tek bir anlam ihtiva eden bu tek cümlenin tekrarlanmasıyla ruh, düşüncelerin sözde zenginliğinden arınır ve tek bir muhteviyatın zihnen tekrarlanmasında soğurulur.

Yoğunlaşma, "bir olma" hali, sadelik... Bıkıp usanmadan tekrar edilen tek bir cümle: "İsa Mesih Efendimiz, Tanrı'nın oğlu, ben günahkârım, merhamet eyle bana." Birkaç dakikadan, birkaç saatten sonra kişi sadece dua etmez, duaya dönüşür. O artık sadece İsa'ya yakarıştan ibarettir ve sonra yavaş yavaş, şiddetli huzursuzluğun, aynı şeyi tekrar etmekten boğulan zihnin doyumun, dudakların kıpırtısından sarkmış ağzın yerini kutsanmış bir ânın içinde beliriveren katıksız bir huzur (*hêsukhia*) alır. Tekrar doğallaşır, akıcılaşır, kolaylaşır ve kalp atımlarına uyumlu hale gelir. Keşiş müphem, sonu gelmez bir mırıldanmanın ve duanın süregiden soluğu içinde tastamam güvene kavuşur. Yürürken de adımların tekdüze tekrarından dolayı mutlak bir dinginlik beliriverir. Artık bir şey düşünmezsiniz, endişeler umurunuzda olmaz ve içinizdeki devinimin düzenliliği haricinde hiçbir şeyin varlığını hissetmezsiniz, hatta varlığınız tamamen adımlarınızın sakin bir izdüşümüne dönüşür.

Papazlar bu duayı, oturur halde çenelerini göğüslerine dayayarak saatlerce tekrar ederdi. Filokalya ve kalbin duası, bu duayı yürürken okuyan ve on dokuzuncu yüzyılda yaşamış ismi bilinmeyen bir Rus hacının yazdığı ünlü metinle Batı'da tanınmıştır. Aziz Pavlus'un çağrısını ("Hiç durmadan dua et") eksiksiz yerine getirmek isteyen alçakgönüllü bir ruhun hikâyesidir bu. Azimli adam birkaç haftalığına bir bahçeye çekilerek, bir keşiş sayesinde keşfettiği kalbin duasını binlerce defa (önceleri günde altı bin, sonraları on iki bin) tekrarlar.

Günlerce süren çaba ve yorgunluktan, bıkkınlık ve can sıkıntısından sonra, İsa'nın ara vermeksizin çağrılan adı gelip bir neşe ve sonsuz avuntu kaynağı gibi tüm varlığında yaşamaya başlar. Duası ne zaman ki nefes almak kadar doğal bir hal alır, işte o zaman yola koyulur ve bütün gün yorgunluk hissetmeden yürür. Duasını ezbere okuduğu gibi, kendi ritminde, bıkıp usanmadan yürür:

> Artık böyle yürüyorum, bana bu dünyadaki herkesten daha yakın ve tatlı gelen İsa'ya durmadan dua ederek. Bazen günde yetmiş beş kilometreden fazla yol yapıyor ama yorgunluk hissetmiyorum; tek hissettiğim okuduğum dua. Şiddetli bir yağmura yakalanırsam duayı daha dikkatli okumaya başlayıp hemen ısınıveriyorum. Açlık bastırırsa İsa'nın adını daha sık anıp unutuveriyorum açlığımı. Hastalanmışsam, sırtım, bacaklarım ağrıyorsa, duaya yoğunlaşıp acı hissetmez oluyorum bir anda... Biraz tuhaflaştım. Derdim tasam yok, hiçbir şeyi umursamıyor, hiçbir dış etkene kapılmıyor ve hep yalnız kalmak istiyorum. Alışkanlıktan olsa gerek, tek bir ihtiyacım var artık: hiç durmadan dua etmek.[73]

Tibet ruhaniliğinde de yorulmadan yürümenin temeli olarak aynı düzenli tekrar vurgusuna rastlarız: *Lung-gom-pa*. *Lung-gom*, insana çeviklik kazandıran, yıllara yayılmış nefes ve jimnastik egzersizlerinden oluşur. Keşiş bir yandan nefesini kontrol etmek üzerine çalışırken, bir yandan da kalıplaşmış mistik cümlelerin tekrarını nefesiyle uyumlu hale getirmeyi öğrenir. Sonra işin içine adımlarının ritmini de katacaktır. Kabul töreninin sonunda *lung-gom-pa* olur ve artık belirli koşullarda

73. *Récits d'un pèlerin russe*, çev. J. Laloy, Baconnière/ Seuil, Paris, 1966.

muazzam mesafeleri çok hızlı, hem de hiç yorgunluk hissetmeden yürümeye muktedirdir. Bu koşullar arasında engebesiz bir kara parçası, bir çöl, günbatımı ya da yıldızlı bir gece bulunur. İn cin top oynayan bu alanlarda dikkati dağıtan hiçbir şey yoktur ve insan bir şeye istediği kadar yoğunlaşabilir. Kendini toplar, düşünceleri def eder, sağa sola bakmadan gözlerini doğruca ileriye diker, yürümeye koyulur, ağzından kelimeler ritmik bir şekilde dökülür ve çok geçmeden, adımlarıyla cümlelerinin tekrarı ve nefesinin düzenli aralıklarında transa geçer. Sıçrarcasına, uzun mesafeler aşan büyük adımlar atar.

Alexandra David-Neel Himalayalar'da yaptığı bir uzun yürüyüşte, ıssız bir ovadayken uzaklardan kendisine doğru hızla yaklaşan siyah bir nokta gördüğünü anlatır. Derken onun bir adam olduğunu anlamış. Yol arkadaşları bu adamın *lung-gom-pa* olduğunu, onunla konuşulmaması ve yürüyüşünün engellenmemesi gerektiğini, çünkü vecd halinde olduğundan uyandırılırsa ölebileceğini söylemiş, geçip gitmesini izlemişler: yüzü ifadesiz, gözleri açık, koşmayan ama her adımda rüzgârın uçurduğu hafif kumaşlar gibi yükselen bir insan.

KAYNAKÇA

Genel Kaynakça

Christophe Lamoure, *Petite philosophie du marcheur*, Milan, Paris, 2007.

David Le Breton, *Yürümeye Övgü*, çev. İsmail Yerguz, Sel Yayınları, İstanbul, 2015.

Le Goût de la marche, der. J. Barozzi, Mercure de France, Paris, 2008.

Michel Jourdan ve Jacques Vigne, *Marcher, méditer*, Paris, Albin Michel, Paris, 1994.

Rebecca Solnit, *Yol Aşkı – Yürümenin Tarihi*, çev. Elvan Kıvılcım, Encore Yayınları, İstanbul, 2016.

Sylvain Tesson, *Petit traité sur l'immensité du monde*, Pocket, Paris, 2008.

Yves Paccalet, *Le bonheur en marchant*, J.-C. Lattès, Paris, 2000.

Özgürlükler

Gary Snyder, *La Pratique sauvage*, çev. O. Delbard, Du Rocher, Paris, 1999.

Heinrich Zimmer, *Les Philosophies de l'Inde*, çev. M.-S. Renou, Payot, Paris, 1978.

Jack Kerouac, *Zen Kaçıkları*, çev. Nevzat Erkmen, Ayrıntı Yayınları, İstanbul, 2012.

Swami Ramdas, *Carnets de pèlerinage*, çev. J. Herbert, Paris, Albin Michel, 1953.

Niçin Bu Kadar İyi Bir Yürüyüşçüyüm – Nietzsche

Curt Paul Janz, *Nietzsche, biographie*, çev. Pierre Rusch ve Michel Valois, Gallimard, Paris, 1984 ve 1985.

Friedrich Nietzsche, *Böyle Söyledi Zerdüşt*, çev. Mustafa Tüzel, İş Bankası Kültür Yayınları, İstanbul, 2011.

Friedrich Nietzsche, *Tan Kızıllığı*, çev. Ümit Özdağ ve Hüseyin Salihoğlu, İmge Kitabevi Yayınları, İstanbul, 2014.

Friedrich Nietzsche, *Dernières lettres* , çev. C. Perret, Rivages, Paris, 1992.

Friedrich Nietzsche, *Ecce Homo*, çev. Can Alkor, İş Bankası Kültür Yayınları, İstanbul, 2015.

Friedrich Nietzsche, *Tragedyanın Doğuşu*, çev. Mustafa Tüzel, İş Bankası Kültür Yayınları, İstanbul, 2016.

Friedrich Nietzsche, *Wagner Olayı*, çev. M. Osman Toklu, Say Yayınları, İstanbul, 2004.

Friedrich Nietzsche, Şen Bilim, çev. Levent Özşar, Asa Kitabevi, Bursa, 2003.

Friedrich Nietzsche, *Gezgin ve Gölgesi*, çev. Mustafa Tüzel, İş Bankası Kültür Yayınları, İstanbul, 2016.

Yavaşlık

Pierre Sansot, *Du bon usage de la lenteur*, Rivages Poche, Paris, 2000.

Kaçma Arzusu – Rimbaud

Alain Borer, *Rimbaud en Abyssinie*, Le Seuil, Paris, 1984.

Jean-Jacques Lefrère, *Arthur Rimbaud*, Fayard, Paris, 2001.

Arthur Rimbaud, *OEuvres complètes*, ed. P. Brunel, LGF, Paris, 1999.

Arthur Rimbaud, *Correspondance*, ed. J.-J. Lefrère, Fayard, Paris, 2007.

Isabelle Rimbaud, *Reliques*, Mercure de France, Paris, 1922.

Yalnızlıklar

Robert Louis Stevenson, *Virginibus Puerisque and Other Essays*, Aeterna Press, Londra, 2011.

Henry David Thoreau, *Walden – Ormanda Yaşam*, çev. Aykut Örküp, Zeplin Kitap, İstanbul, 2014.

Sessizlikler

Henry David Thoreau, *The Journal of Henry David Thoreau, 1837–1861*, NYRB Classics, New York, 2009.

Robert Louis Stevenson, *Travels with a Donkey in the Cévennes & The Amateur Emigrant*, Penguin Classics, 2004.

Yürüyenin Gündüz Düşleri – Rousseau

Jean-Jacques Rousseau, *İnsanlar Arasında Eşitsizliğin Kökeni*, çev. Aziz Yardımlı, İdea Yayınları, İstanbul, 2011.)

Jean-Jacques Rousseau, *İtiraflar I*, çev. Reşat Nuri Güntekin, MEB Yayınları, İstanbul, 1991; İtiraflar II, Arif Obay, MEB Yayınları, İstanbul, 1991.

Jean-Jacques Rousseau, "Mon portrait", *Revue Rétrospective*, Vol. V, Cilt, Paris, 1834.

Raymond Trousson, *Jean-Jacques Rousseau*, Tallandier, Paris, 1988 ve 1989.

Sonsuzluklar

Ralph Waldo Emerson, *Doğa*, çev. Burcu Tosun, Kafekültür Yayıncılık, İstanbul, 2014.

Yabanın Fethi – Thoreau

Henry David Thoreau, *Life Without Principle*, Forgotten Books, Londra, 2008.

Henry David Thoreau, *Sivil İtaatsizlik*, çev. Caner Turan, Say Yayınları, İstanbul, 2016.

Henry David Thoreau, *Slavery in Massachusetts*, Forgotten Books, Londra, 2008.
Henry David Thoreau, *Walden – Ormanda Yaşam*, çev. Aykut Örküp, Zeplin Kitap, İstanbul, 2014.
Henry David Thoreau, *The Journal of Henry David Thoreau, 1837–1861*, NYRB Classics, New York, 2009.
Henry David Thoreau, *Yürümek*, çev. İlknur Urkun, Kafekültür Yayıncılık, İstanbul, 2013.

Enerji

Henry David Thoreau, "Bir Kış Yürüyüşü", *Doğa ve Yürüyüş Üzerine Seçme Denemeler*, çev. Aytek Sever, Everest Yayınları, İstanbul, 2016.
Sylvain Tesson, *Éloge de l'énergie vagabonde*, Pocket, Paris, 2006.
T. C. McLuhan, *Yeryüzüne Dokun*, çev. Ece Soydam, İmge Kitabevi Yayınları, İstanbul, 2001.)

Hac Yolculuğu

Alphonse Dupront, *Du sacré: croisades et pèlerinages, images et langages*, Gallimard, Paris, 1987.
Alphonse Dupront (ed.), *Saint-Jacques de Compostelle*, Brépols, Paris, 1985.
Antoine Guillaumont, *Aux origines du monachisme chrétien*, Abbaye de Bellefontaine, Paris, 1979.
Fernando López Alsina ve Paolo Caucci von Saucken, *Pèlerinages: Compostelle, Jérusalem, Rome*, Desclée de Brower, Paris, 1999.
Henri Engelmann, *Pèlerinage*, Fayard, Paris, 1959.
Jean Biès, *Mont Athos*, Albin Michel, Paris, 1963.
Jean Chélini ve Henry (ed.), Branthomme, *Les Chemins de Dieu: Histoire des pèlerinages chrétiens des origines à nos jours*, Hachette, Paris, 1995.
Jean Chélini ve Henry Branthomme (ed.), *Les Pèlerinages dans le monde à travers le temps et l'espace*, Hachette, Paris, 2004.

Jeanne Vielliard, *Le Guide du pèlerin de Saint-Jacques de Compostelle*, Vrin, Paris, 1997.

Pierre-André Sigal, *Les Marcheurs de Dieu*, Armand Colin, Paris, 1974.

Raymond Oursel, *Les Pèlerins du Moyen âge: Les Hommes, les chemins, les sanctuaires*, Fayard, Paris, 1963.

Yenilenme ve Mevcudiyet

Gustave Roud, "Petit traité de la marche en plaine", *Essai pour un paradis içinde*, L'Âge d'Homme, Lausanne, 1983.

Lama Anagarika Govinda, *Le Chemin des nuages blancs. Pèlerinages d'un moine bouddhiste au Tibet*, Albin Michel, Paris, 1969.

Marino Benzi, *Les Derniers Adorateurs du peyotl*, Gallimard, Paris, 1972.

Kinik Yaklaşım

Diogenes Laertios, *Vies et doctrines des philosophes illustres*, M.-O. Goulet-Cazé (ed.), La Pochothèque, Paris, 1999. (Türkçesi: Ünlü Filozofların Yaşamları ve Öğretileri, çev. Candan Şentuna, YKY, İstanbul, 2015)

Épictète, *Entretiens*, çev. A. Jagu ve J. Souilhé, Les Belles Lettres, Paris, 1943.

Leonce Paquet (ed.), *Les Cyniques grecs. Fragments et témoignages*, Le livre de poche, Paris, 1992.

Marie-Odille Goulet-Cazé, *L'Ascèse cynique. Un commentaire de Diogène Laërce*, Vrin, Paris, 2000.

Michel Foucault, *Le Courage de la vérité*, Gallimard-Le Seuil-Hautes Études, Paris, 2009.

Melankolik Aylaklık – Nerval

Claude Pichois ve Michel Brix, *Gérard de Nerval*, Fayard, Paris, 1995.

Gérard de Nerval, *Aurélia*, Gallimard, Paris, 2005.

Gérard de Nerval, *Les Filles du feu*, Gallimard, Paris, 2005.

Gérard de Nerval, *Promenades et Souvenirs*, Gallimard, Paris, 2005.

Gündelik Gezinti – Kant

Ludwig Ernst Borowski, Reinhold Bernhard Jachmann, Ehregott Andreas Wasianski, *Kant intime*, çev. J. Mistler, Grasset, Paris, 1985.

Thomas De Quincey, *Les Derniers Jours d'Emmanuel Kant*, çev. M. Schwob, Allia, Paris, 2004.

Gezintiler

Marcel Proust, *Swann'ların Tarafı*, çev. Roza Hakmen, YKY, İstanbul, 2016.

Parklar ve Bahçeler

Marcel Poëte, *Au jardin des Tuileries: l'art des jardins, la promenade publique*, A. Picard, Paris, 1924.

Marcel Poëte, *La Promenade à Paris au XVIIe siècle*, Armand Colin, Paris, 1913.

Kentli Flâneur

André Breton, *Nadja*, Gallimard, Paris, 1973. (Türkçesi: *Nadja*, çev. Sevgi Tamgüç, Babil Yayınları, İstanbul, 2005.)

Louis Aragon, *Le Paysan de Paris*, Gallimard, Paris, 1972.

Walter Benjamin, *Charles Baudelaire*, çev. J. Lacoste, Payot, Paris, 2002.

Walter Benjamin, *Paris capitale du XIXe siècle: Le livre des passages*, çev. J. Lacoste, Le cerf, Paris, 1997.

Thierry Paquot, *Des corps urbains: sensibilités entre béton et bitume*, Autrement, Paris, 2006.

Guy Debord, "Théorie de la dérive", *OEuvres* içinde, Gallimard, Paris, 2006.

Mistik ve Siyasetçi – Gandi

Mohandas K. Gandhi, *Bir Özyaşam – Hakikatın Peşinde Başımdan Geçenler*, çev. Vedat Günyol, Alfa Yayınları, İstanbul, 2016.
Mohandas K. Gandhi, *Résistance non-violente*, Buchet-Chastel, Paris, 1986.
Guy Deleury, *Gandhi*, Pygmalion, Paris, 1997.
Louis Fisher, *Vie du Mahatma Gandhi*, Calmann-Lévy, Paris, 1952.
Robert Payne, *Gandhi*, çev. P. Rocheron, Le Seuil, Paris, 1972.

Tekrar

Alexandra David -Neel, *Tibet'te Büyü ve Gizem*, çev. Emin Yaşar Sınır, Dharma Yayınları, İstanbul, 2002.)
Charles Péguy, *Les Tapisseries*, Gallimard, Paris, 1957.
Petite Philocalie de la prière du coeur, çev. J. Gouillard, Le Seuil, Paris, 1979.
Récits d'un pèlerin russe, çev. J. Laloy, Baconnière/ Seuil, Paris, 1966.
Toukârâm, *Psaumes du pèlerin*, çev. G.-A. Deleury, Gallimard, Paris, 1973.
William Wordsworth, *Prelüd – Bir Şairin Zihinsel Gelişimi*, çev. Nazmi Ağıl, YKY, İstanbul, 2010.

Frédéric Gros Paris-Est Créteil Üniversitesi ve Siyaset Çalışmaları Enstitüsü'nde felsefe profesörüdür. Michel Foucault'nun Collège de France'taki son derslerinin editörüdür. Psikiyatri, hukuk ve savaş üzerine eserler kaleme almıştır. Paris'te yaşamaktadır. Yazarın *Güvenlik İlkesi* isimli kitabı 2023'de Kolektif Kitap tarafından Türkçeye kazandırılmıştır. *La Première Histoire* isimli romanıysa yine Kolektif Kitap etiketiyle raflardaki yerini alacaktır.